Mathilda F. Hohberger

Brasilien
bewegt uns

mit Rhythmen, Liedern, Spielen, Tänzen, Festen & Fußballtricks

Illustrationen: Jule Ehlers-Juhle

Ökotopia Verlag, Münster

impressum

Autorin	Mathilda F. Hohberger
Lektorin	Uta Koßmagk
Illustrationen	Jule Ehlers-Juhle
Fotos	Mathilda F. Hohberger, Michael Flascha; S. 12: © Fabian Voswinkel / PIXELIO
Gestaltung	Hain-Team, Bad Zwischenahn
Notensatz	Ja.Ro-Music, Taunusstein
ISBN	978-3-86702-226-2

1. Auflage
© 2013 Ökotopia Verlag, Münster

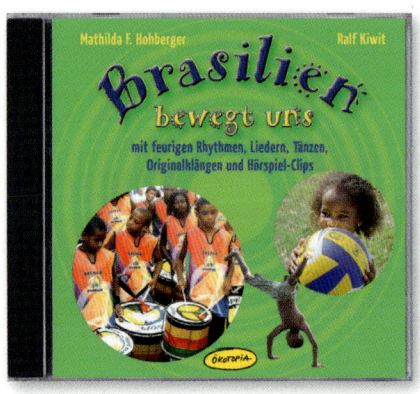

Alle Lieder dieses Buches gibt es auf der CD:

Mathilda F. Hohberger · Ralf Kiwit
Brasilien bewegt uns
mit feurigen Rhythmen, Liedern,
Tänzen, Originalklängen und
Hörspiel-Clips
ISBN (CD) 978-3-86702-227-9

inhalt

Vorwort

„Das Volk ist stärker als die Armut.
Auch wenn das Überleben vor lauter Schwierigkeiten und
Grausamkeiten fast unmöglich erscheint, das Volk lebt, kämpft,
lacht, gibt nicht auf. Sie machen ihre Feste, tanzen ihre Tänze,
singen ihre Lieder und lachen ihr befreites Lachen."

Jorge Amado
(hier aus Petra Schaeber / Alexander Busch: BAHIA,
Salvador Brasiliens Osten)

In diesem Buch geht es um **Musik**, **Tanz** und ausgelassene **Lebensfreude**. Es geht ums **Feiern,** um **Fußball**, und **den Spaß an der Bewegung**, denn das alles gibt es so in Brasilien! Aber es gibt genauso auch die Tristeza (Traurigkeit) und die Saudade (Sehnsucht). Es gibt Drogen, Gewalt und Armut. Die Faszination in der Begegnung mit der brasilianischen Kultur liegt für mich darin so unmittelbar zu spüren, wie beides direkt nebeneinander – oder eher miteinander lebt.

Wenn ich wie bisher immer in der kalten Jahreszeit nach Brasilien fliege, hier vom warmen Sofa am Kamin weg direkt in die Sonne dort, dann werde ich bei meiner Ankunft regelrecht ANGE-SCHRIEN! Von der Sonne, vom Licht, vom Puls der Stadt, von der Musik, von der Energie, vom Meer, von der Magie. Alles schreit, alles lebt! Ich komme aus einer stillen, dunklen, kalten Zeit in Lärm, Licht und Hitze. Nach ein paar Tagen bin ich mittendrin, es entsteht ein intensives Gefühl von Lebendigkeit. Alles fühlt sich warm an: die Sonne, die vielen Menschen, die Musik. Trotz der hohen Energie ist alles ganz geschmeidig,

angenehm weich. Alle Sinne sind wach und werden genährt von Farben, Klängen, Wind, Wellen und Lebenslust. Entspannt schlendere ich durchs Leben und lasse mich ein, unterbrochen von kurzen Spannungsmomenten, denn es ist auch angebracht aufzupassen in Brasilien! Und wenn ich dann wieder hier lande und aus dem Flieger steige, dann ist es, als würde jemand eine Decke über mich werfen. Ffflllluummmm! Gelöscht. Aus das Feuer. Peitschender kalter Regen tut sein Übriges. Ich taumele zurück zu meinem Sofa und zünde den Kamin an. Aber nach einer Weile spüre ich, dass es noch da ist, das brasilianische Licht, es bleibt immer ein spürbarer Funken übrig, der mein Leben auf wunderbare Weise erhellt, erheitert und bereichert. Und es ist die „**Ginga**", die mich weiter bewegt und begleitet. Ginga (gespr.: Schiinga) nennt man zum Einen die Grundfigur im Capoeira (afrobrasilianischer Kampftanz), aber Ginga ist auch das brasilianische Wort für den Swing. Für „das gewisse Etwas" in der Art der Bewegung, im Laufen, im Tanzen, im Musizieren, im Fußball spielen. Die Art der Geschmeidigkeit, der Leichtigkeit, der Schwingung.

Und auch schockierende Bilder bleiben. Bilder von Armut, Drogen und Gewalttätigkeiten. Und es entsteht ein großes Gefühl der Dankbarkeit, wenn ich, zurück in Deutschland, im Zug sitze und ohne Sorge meinen Laptop und meine Kamera auspacken kann und öffentlich damit arbeiten kann. Dann wird mir bewusst, was für ein freies und sicheres Leben wir hier leben. Etwas, das für uns hier selbstverständlich, aber in Brasilien in großen Teilen unmöglich ist.

Und alles, was mich auf meinen Reisen bewegt hat, (die bisher immer in den Nordosten nach Bahia gingen), was mich in der intensiven Aus-einandersetzung mit der brasilianischen Musik und der damit verbundenen brasilianischen Kultur und Lebensweise fasziniert, hat mich zu diesem Buch inspiriert: die Klänge und Rhythmen, die Lieder, der Glaube an die Naturgötter, die Körperbewegungen, das Selbstbewusstsein, das gemeinsame Feiern und die Sinnlichkeit, Kreativität und Lebendigkeit, mit der alles gelebt wird.

Ich danke herzlichst allen Lehrern, Begleitern und Unterstützern und im Besonderen: Dudu Tucci, Krista Zeißig, Kurt Klose, Volker Conrath, Michael Flascha, Joselito & dem Bagunçaço Team, Jana Drechsler, Owidum.

Oi, tudo bem?

Einleitung

Dieses Buch heißt „Brasilien bewegt uns" – es hat also zum Ziel, dass wir uns bewegen. Dass wir etwas von der Musik, der Bewegung, der Freude, der Lust am Feiern in unser Leben lassen, uns umschauen und einfühlen in Kultur, Land und Leute und selbst etwas probieren von der Musik, den Tänzen, den Speisen. Dabei sind wir immer in Kontakt mit der eigenen Kultur und Herkunft.

Im ersten Kapitel geht es auf die Reise zu einschlägigen Orten Brasiliens. Über Google Earth können einige Spots angeflogen und Sehenswürdigkeiten angeschaut werden. Da geht es nach Rio de Janeiro, in den Amazonas oder zu den weltweit größten Wasserfällen Iguaçu. Der kleine Bem-te-vi, der am häufigsten vorkommende Vogel in Brasilien, führt als Reiseleiter durchs Land und erzählt lebendige Geschichten über Land und Leute. Boa Viagem! Gute Reise!

Musik und Bewegung sind in Brasilien untrennbar miteinander verbunden. Wo Musik ist, wird getanzt, wo getanzt wird, ist Musik. Im Kapitel **„Música"** werden Lieder, Rhythmen und Spielweisen vermittelt, z.B. Samba und Samba-Reggae, moderne Musik sowie Rhythmen und Lieder der Orixás, der Götter der afrobrasilianischen Religion. Nicht selten spielen die Kinder in Brasilien auf Instrumenten aus Recyclingmaterial. Unter „Instrumente kreativ" finden sich Anregungen zum Instrumentenbau.
Im Kapitel **„Dança"** geht es dann um Tanz: Samba, Capoeira, Maculelê, Samba de Roda oder Choreographien zum Samba-Reggae. Mit Kostümen, Frisuren, Schmuck und allem was dazugehört, kann ein eigener Bloco (eine eigene Band) aufgestellt werden. Hier sind alle dabei: Trommler, Sänger und Tänzer. Eine lebendige Show für das nächste Fest entsteht.

Früh übt sich …

Zur Bewegung gehört natürlich auch der Fußball! Unter der Überschrift **„Futebol-Ballzauber"** ist ihm ein eigenes Kapitel gewidmet. Hier wird gekickt, getrickst, getroffen und alles für ein sportliches Event vorbereitet: ein Fußball-Fun-Turnier oder ein gemeinsames Public viewing bei der nächsten WM für die ganze Familie mit viel Bewegung, Musik und Tanz.
Und am Ende wird ein Fest gefeiert: Festa brasileira! Lebendig mit Musik, Tanz und gutem Essen aus der brasilianischen Küche. Dieses letzte Kapitel bietet auch Rezepte für brasilianische Köstlichkeiten, Dekoideen aus Flaschenkunst und Vorschläge für ein lebendiges Bühnen- und Mitmachprogramm mit Musik und Tanz.

Und jetzt: Alegría! Viel Freude beim Besuch in Brasilien und bei der Entdeckung von Ginga!

Anmerkung zu den Altersangaben

Rhythmus im Blut zu haben ist keine Frage der Gene, sondern eine Frage der Sozialisation.
Kleine Kinder bewegen sich spontan und rhythmisch zur Musik. Ganz von allein, intuitiv, im richtigen Rhythmus. Sie haben Spaß am Tanzen. Bald entdecken sie, dass niemand sonst tanzt und hören damit wieder auf.

Das ist in Brasilien anders. Hier gehört Musik und Tanz zum Leben. Es passiert überall und die Kinder machen mit, selbstbewusst und in Kontakt zum eigenen Körper.

Dabei sein und mitmachen, sich ausprobieren und entdecken – dabei sollen die Kinder in altersgemischten Gruppen unterstützt und lebendig motiviert werden. Wenn z. B. bei einer Tanz- und Musikanleitung in diesem Buch eine Altersangabe von ab 4 Jahren steht, so kann es sein, dass diese für ein 4jähriges Kind nicht so umsetzbar ist, dass es das beschriebene Ergebnis erreicht. Es kann aber dabei sein, sich auf seine Weise ausprobieren und Spaß und Selbstbewusstsein in der Bewegung entwickeln.

Alle Aktionen in diesem Buch sind in Brasilien „abgeguckt" bzw. „abgehört" und dann so aufbereitet, dass sie für Kinder und Erwachsene hier gut umsetzbar sind. Manchmal sind Instrumente ausgetauscht, hier und da wird auf eine Synkope verzichtet und vieles wird zum Üben mit den Kindern natürlich langsamer als in Brasilien üblich gespielt.

Einige Lieder und Rhythmen eignen sich, um sie „aus dem Stand" spontan mit der Gruppe zu singen, andere brauchen mehr Übung und können längerfristig z. B. für das nächste Fest vorbereitet werden. Dabei stehen Freude an Musik und Bewegung, an Ausdruck, Lebendigkeit und am eigenen Sein im Vordergrund, nicht das Messen einer Leistung!

Jungs in Pirajuia

Bom Dia! Guten Tag!

Dieses Kapitel lädt zum Kennenlernen des riesigen Landes ein. Mit dem Reiseleiter „Bem-te-vi" werden bedeutende Sehenswürdigkeiten besucht, Informationen über Land und Leute gegeben, Geschichten erzählt und die ersten schwungvollen Lieder gesungen.

*Ja hallo! Tudo bem? Darf ich mich vorstellen? Mein Name ist **Bem-te-vi**. Ich bin der am tollsten singende und am meisten gesehenste Vogel in Brasilien. Und auf dem Foto unten rechts siehst du meine Familie.*

„Bem-te-vi" heißt übersetzt „Ich sehe dich gut" und wird von unserem Gesang abgeleitet. Wir singen den ganzen Tag leidenschaftlich im ganzen Land: „Bem-te-vi, bem-te-vi". Wir pfeifen von den Dächern, trällern am Amazonas und schwatzen vergnügt mit unseren Freunden am Strand. Wenn wir uns aufregen, zeigen wir unsere hübsche gelbe Krone auf dem Kopf. Man hört und sieht uns auf jeden Fall immer gut und ich freue mich jetzt, mit euch durch mein Land fliegen zu dürfen. Ich erzähle euch meine Lieblingsgeschichten über Land und Leute, wir machen zusammen Musik, tanzen und spielen natürlich auch Fußball.

Tudo bem? (Alles klar?)

Diese Geste ist bei euch ja fast ausgestorben, aber die Brasilianer machen sie ungefähr 32-mal am Tag und sie bedeutet je nach Stimmung und Situation „Kein Problem!", „Alles super!", „Hat funktioniert!", „Finde ich gut!" Und überall hörst Du: „Oi, tudo bem?" (Hallo, alles klar?)

Bem-te-vi und seine Familie

Oi, tudo bem?!

Text: M.F. Hohberger | **Musik:** M. F. Hohberger / R. Kiwit

Refrain

D | G | A | D

Oi, tu - do bem? Na wie gehts, na wie stehts? Hal - li - hal - lo.

Hm7 | G | Em7 | A

Oi, tu - do bem? Sagt man vom A - ma - zo - nas bis Ri - o.

D | G | A | D

Oi, tu - do bem? Na wie gehts, na wie stehts? Hal - li - hal - lo.

D | G | A | D Strophe

Oi, tu - do bem? Hörst du von O - li - na bis Sao Pau - lo. Ein

E | H | A | H

Eis - ver - käu - fer ruft ver - gnügt. Es singt der Ko - li - bri. Ein

E | H | E | A

Äff - chen pfeift von ei - nem Baum und al - le sa - gen sie:

2. Ein Gecko grüßt von einem Stein,
der Junge winkt am Strand.
Die Oma kommt zur Tür herein.
Es fragt das ganze Land:

Refrain: Oi, tudo bem?!
…

3. An den Treppen der Favela,
da drüben in der Bar.
Am langen Strand von Ipanema.
Na, alles klar?

Refrain: Oi, tudo bem?!
…

Zuerst machen wir eine kleine Sightseeingtour zu meinen Lieblingsplätzen, damit ihr euch ein bisschen vorstellen könnt, wie es hier aussieht.
Wir haben hier von Allem sehr viel: viel Land, viel Wasser, viele Tiere, viele Pflanzen, viele Früchte, viele Menschen. Ich habe hier die brasilianische Flagge in der Kralle. Ihr braucht mir also nur zu folgen. In der Flagge steht übrigens. „Ordem e Progresso", das heißt „Ordnung und Fortschritt".
Also los, ABLFUG!!! Boa Viagem! (Gute Reise!)

Flagge von Brasilien

Flug über Brasilien

Für das Anschauen von Bildern im Internet mit vielen Kindern werden die Bilder über den Beamer projiziert, sodass alle gut sehen können und eine intensivere Betrachtung möglich ist. Die im Verlauf dieses Kapitels fettgedruckt geschriebenen Orte sind Anflugsvorschläge zu einschlägigen Reisezielen und können als Begriffe so direkt in das „Anflugsfeld" bei Google Earth eingegeben werden. Selbstverständlich kann auch bei einem Besuch in der Bibliothek über die gleichen Stichworte nach dazugehörigem Bildmaterial gesucht werden.

Alter: ab 6 Jahren
Material: PC; Google Earth (Software, als kostenloser Download erhältlich); Beamer; Leinwand

Vorbereitung

Da es bei einem „Google-Earth-Flug" durch Brasilien sehr viel zu sehen gibt, sollte die Spielleitung sich vor der Präsentation eingehend mit der „Reise" beschäftigen und entscheiden, wo genau es hingehen soll, wie viele Informationen für die jeweilige Altersgruppe gut zu verarbeiten sind. Die Spielleitung trifft eine Vorauswahl und beschränkt die Reiseziele. In einer Stadt wie Rio de Janeiro gibt es bei Google Earth schon unendlich viel zu sehen. Die kleinen Bildsymbole an den Orten enthalten Fotos oder auch kleine Fotoalben. Ist man z.B. an die Copacabana „geflogen", können hier Bildsymbole geöffnet werden, die Fotos von der Copacabana zeigen.

1. Flugetappe

Rio de Janeiro ist die zweitgrößte Stadt Brasiliens (die größte ist Sao Paulo) und heißt übersetzt „Fluss des Januars". Bis 1960 war sie die Hauptstadt von Brasilien. Die Bewohner der Stadt nennt man Cariocas, nach einem Wort aus der Indianersprache, welches „Hütte des weißen Mannes" bedeutet.
Berühmte Sehenswürdigkeiten sind der **Zuckerhut**, die 38 Meter hohe **Christusfigur** auf dem Gipfel des **Corcovado**, umgeben vom atlantischen Regenwald (des **Nationalparks Tijuca**), der Strand des Stadtteils **Copacabana** oder **Ipanema** und das wohl berühmteste Fußballstadion der Welt, **die Maracanã-Arena**. Sie liegt umgeben von Favelas in einer ärmeren Gegend von Rio.
Auch im Norden liegt das 700 m lange **Sambódromo**. Hier findet die große Parade der Samba-Schulen beim jährlichen Karneval statt.

Blick auf Rio de Janeiro und Zuckerhut

Na, habt ihr die berühmten Strände Ipanema und die Copacabana gesehen? In Brasilien geht man übrigens nicht mit einem Buch an den Strand, um seine Ruhe zu haben. Hier geht man an den Strand, um mitten ins Leben einzutauchen. Am schönsten ist es sonntags oder an Feiertagen. Da ist der Strand richtig voll, aber irgendwo passt man immer noch dazwischen. Kaum bist du angekommen, kommt jemand und möchte dir eine Liege und einen Sonnenschirm anbieten. Dann kommt ein Junge mit einer ganzen Box voller Süßigkeiten. Von Weitem hörst du jemanden rufen: „Queijo, Queijo!" („Käse, Käse!") ein junger Mann mit einem aus einer Blechbüchse selbst gebastelten Grill läuft durch die Menge und wer möchte, dem grillt er ein Stück Käse. Und auch sonst kannst du am Strand von Sonnenbrillen über Schmuck, Kleidung und Kunsthandwerk alles erwerben. Manche machen Musik, andere Capoeira, wieder andere spielen Fußball, aber die meisten sitzen zusammen, unterhalten sich fröhlich und ausgelassen und genießen die Gemeinschaft, die Sonne und das Meer.

Habt ihr um das Stadion herum auch die Favelas (Armenviertel) erkannt? Viele kleine Häuser wurden dort an den Bergen (den Morros) von den armen Menschen mit einfachsten Mitteln in die Höhe gezogen. Früher wurden sie aus Pappe, Holz und allem, was sich finden ließ, gebaut. Jetzt sind viele aus Stein. Nicht alle haben eine eigene Kanalisation oder fließendes Wasser. Es gibt viele Favelas in Brasilien, und die Menschen, die dort leben, sind sehr arm.

Favela

Strandverkäufer

2. Flugetappe

Amazonas: Amazonien ist das größte noch zusammenhängende Regenwaldgebiet der Erde und der Amazonas ist der größte Fluss der Erde. Sein Fließweg beträgt 6448 km (der vom Rhein hier in Deutschland dagegen 1233 km). Amazonas ist Brasiliens größter Bundesstaat und mehr als viermal so groß wie Deutschland. Die Hauptstadt heißt Manaus.

Der Amazonas bildet sich aus einem Hauptstrom und einem ganzen Netz aus Nebenflüssen. Darin leben Frösche und Kröten, Schlangen und Krokodile, Affen, Flussdelfine, Piranhas, Papageien und noch viele weitere Tiere.
Mithilfe von Google Earth können Flussläufe herangezoomt und verfolgt werden und verschiedene Fotosymbole auf der Strecke geben Einblicke in die Gegend.

Kolibri

In Amazonien leben noch viele indigene Völker, das sind die Ureinwohner des Landes. Sie leben in abgelegenen Gegenden, tragen wenig Kleidung und leben mit allem, was die Natur ihnen bietet. Sie essen Obst und Yamswurzeln, Insekten und Wildschweine. Sie leben in Gemeinschaften und halten Tänze und Rituale ab.

Manche können nicht lesen und schreiben, aber wenn sie rufen, antworten die Tiere, wenn sie angeln, beißt sofort ein Fisch an, wenn sie pfeifen, zwitschert es aus dem Dschungel zurück, und wenn sie ihre Hand tief in Boden graben, kommt kurz darauf ein Krebs zutage. Sie sprechen die Sprache der Natur!

Im Amazonasgebiet sind die Flüsse die Straßen des Dschungels, man fährt also mit dem Boot. Wenn ich manchmal keine Lust zum Fliegen habe, lege ich mich auch gern mal in eine Hängematte auf einen der dreistöckigen Amazonasdampfer und lasse die Landschaft, die Wälder und das Leben der Einheimischen an mir vorüberziehen. Oder ich flattere mal aufs Oberdeck, nehme auf den Lautsprecherboxen Platz und singe leidenschaftlich die Lieder mit, die da aus der Anlage dröhnen.

In Manaus, der Hauptstadt, gibt es übrigens das weltweit größte Amateur-Fußballturnier. Schaut mal auf S. 104!

Geckos spielen überall

Krebsfang

3. Flugetappe

Das Pantanal ist das größte Überschwemmungsgebiet der Erde, ein großer Sumpf im Herzen Südamerikas und es ist eine gute Gegend, um Tiere in ihren natürlichen Lebensräumen zu beobachten. Es gibt nur wenige Menschen und keine Städte im Pantanal. Hier dösen Krokodile, stehen Störche auf den Wiesen, sitzen Tukane und andere bunte Vögel in den Bäumen.

Hier in Brasilien gibt es Feuerbäume mit knallroten Blüten wie Feuer. Und überall triffst du Geckos. Mein Freund, der Kolibri lässt an dieser Stelle auch ganz herzlich grüßen. Der wird hier in Brasilien „Beija flor" genannt, das heißt übersetzt „Blumenküsser". Mit seinem langen Schnabel küsst er nämlich immer die Blüten. Kommt mit, heute ist ein Fest in der Lagune!

Wenn der Brüllaffe trommelt

Text: M. F. Hohberger | **Musik:** M. F. Hohberger / Ralf Kiwit

2. Der Fischotter steht an der Bar
und quatscht mit dem Nandu.
„Bom dia !" sagt der Jaguar,
er trägt heute Lackschuh.

Im Baum sitzt der Pica-pau,
isst Würmer mit dem Schnabel.
Neben ihm sitzt seine Frau,
sie isst mit der Gabel.

Refrain:
Wenn der Brüllaffe trommelt …

3. Im schnellen Flug kommt der Tukan,
gefolgt vom Kolibri.
Sie haben bunte Federn an
und leuchten wie noch nie.

Die Anaconda singt ein Lied,
der Storch klappert im Rhythmus.
Der Tapir tanzt im Samba-Schritt
und schwimmt dann im Fluss.

Refrain:
Wenn der Brüllaffe trommelt …

Dschungelorchester

Alter: ab 4 Jahren
Material: alles, was Klänge und Geräusche macht: Orff Instrumente, Plastiksäcke, Zeitungen, Holzstücke, Gläser und Flaschen mit und ohne Wasser, Ratschen, Bleche, Rasseln (➜ S. 34), Cuica (➜ S. 36), Caxixi (➜ S. 37), Rascheln (➜ S. 36)

Die Kinder untersuchen die Materialien und Instrumente nach Klängen. Wie klingt was? Welches Geräusch könnte im Dschungel zu hören sein? Welche Tiergeräusche erklingen? Alle Klangerzeuger werden benannt.
Nach einer Weile des Ausprobierens entscheidet sich jedes Kind für ein „Instrument".
Nun wird ein Dirigent ausgewählt, der mit verschiedenen Zeichen sein Orchester dirigiert. Die Zeichen des Dirigenten werden mit der Gruppe festgelegt. „Arme hoch" bedeutet, dass laut gespielt werden soll, „Arme runter" heißt leise spielen. Über Blickkontakt und das Deuten auf einzelne Spieler können Klänge auch einzeln weiterspielen und andere gestoppt werden.

Hinweis

„Wenn der Brüllaffe trommelt" kann sehr gut mit diesen Dschungelgeräuschen eingeleitet und mit den Rhythmen „Samba Reggae" (➜ S. 47) im Refrain und „Ijexá" (➜ S. 51) in der Strophe begleitet werden.

Im Dschungel
Eine Phantasiereise

Alter: ab 5 Jahren
Material: pro Kind 1 Matte und evtl. 1 Decke; evtl. einige Geräuscherzeuger aus dem Dschungelorchester; evtl. Papier und Stifte

Alle Kinder liegen bequem auf ihren Matten, wer möchte, deckt sich gemütlich zu. Es wird still. Die Spielleitung beginnt zu erzählen und setzt dabei nach Wahl einige Geräuscherzeuger ein (s. li.):

Heute machst du eine Flussfahrt auf einem Amazonasfluss. ⁕ Du stehst am Flussufer und wartest auf Thiago, deinen brasilianischen Freund. Jeden Tag trefft ihr euch und er zeigt dir etwas Neues aus seinem Land. Heute wird er dich hier mit seinem Einbaum abholen. ⁕ Das Wasser ist ganz still. ⁕ Wenn du noch etwas näher ans Wasser gehst, spiegelt sich dein Gesicht darin. ⁕ Unter deinen Füßen spürst du kühlen nassen Schlamm. ⁕ Ein Geräusch von Flügelschlägen ist zu hören. ⁕ Du hebst den Blick. ⁕ Die Sonne blendet. ⁕ Schützend nimmst du deine Hand an die Stirn und erkennst am Himmel ein großes Vogelpaar. ⁕ Mit weit ausgebreiteten Flügeln gleiten sie über den breiten Fluss. ⁕ Elegant landen sie auf einer Sandbank. ⁕ Jetzt hörst du auch den Vogelgesang im Dschungel hinter dir. ⁕ Ein großes Vogelkonzert! ⁕ Du siehst einen großen trockenen Ast am Flussufer, setzt dich darauf und lauschst. ⁕ „Oi, tudo bem?" ⁕ Thiago steht plötzlich neben dir. Du hast ihn gar nicht kommen hören. ⁕ Vorsichtig steigst du in seinen Einbaum (Kanu). ⁕ Langsam gleitet ihr auf den breiten Fluss hinaus. ⁕ Du hörst das sanfte Eintauchen des Paddels. ⁕ Ihr fahrt vorbei an der Sandbank. ⁕ „Oi, tudo bem?" grüßt du den Storch und zeigst im zwinkernd deinen Daumen. ⁕ Hat er geantwortet? ⁕ „Alles o. k.?" fragt Thiago. ⁕ „Alles bestens!" ⁕ Um dich herum ist alles voller Wolken. ⁕ Sie spiegeln sich vom Himmel im Fluss. ⁕ Thiago lenkt das Boot auf den Dschungel zu. ⁕ „Achtung, Kopf einziehen!" ⁕ Plötzlich stehen überall Bäume im Fluss, ihre belaubten Äste hängen bis ins Wasser runter. ⁕ Du musst immer wieder den Kopf einziehen. ⁕Jetzt schiebst du eine dicke Liane aus dem Weg. ⁕ Mitten in den Mangroven stoppt Thiago das Boot.

Im Dschungel

✳✳✳ Er legt einen Finger an seine Lippen und bedeutet dir, ganz still zu sein. ✳✳✳ Dann zeigt er nach oben. ✳✳✳ In der Baumkrone tummelt sich ein Papageienpaar. ✳✳✳ Sie sind wunderschön bunt. ✳✳✳ Ihr paddelt zurück auf den breiten Fluss. ✳✳✳ Thiago gibt dir das Paddel. ✳✳✳ „Jetzt lenkst du das Boot." ✳✳✳ Ihr fahrt eine Weile flussabwärts. ✳✳✳ Dann legst du am Flussufer an. ✳✳✳ Ihr steigt aus und lauft durch den dichten Wald. ✳✳✳ Da! Zwei Geckos sitzen auf einem Stein! ✳✳✳ Plötzlich ein Pfeifen. ✳✳✳ Ein Äffchen sitzt im Baum und pfeift. ✳✳✳ Dann zeigt Thiago auf einen Baum. ✳✳✳ Suchend versuchst du zu erkennen, was er dir zeigen möchte. ✳✳✳ Und dann siehst du es: Eine große Schlange hat sich dort um einen Ast gelegt. ✳✳✳ Vorsichtig geht ihr zurück zum Boot. ✳✳✳ Noch einmal darfst du selber paddeln. ✳✳✳ Der Himmel und der Fluss leuchten jetzt im schönsten Orange. ✳✳✳ Du paddelst das Boot im Sonnenuntergang an Land. ✳✳✳„Obrigado, Thiago!" bedankst du dich. ✳✳✳ Ihr verabschiedet euch. Morgen geht ihr zusammen Krebse fangen.

Die Kinder bleiben noch eine Weile liegen, dann öffnen sie die Augen, kommen in den Raum zurück und erzählen ihre Erlebnisse. Welche Gefühle sind aufgetaucht? Wie war es, die Schlange zu treffen? Bei Bedarf stellt die Spielleitung Stifte, Farben und Papier bereit und die Kinder malen ihre Dschungelerlebnisse auf.

Phantasievogel

Alter: ab 4 Jahren
Material: Malkittel; Papier, DIN A3 in Stärke 120 g/m²; Fingerfarben; Pinsel; Stifte

Die Kinder bilden Paare. Jedes Kind erhält ein Blatt Papier, als Paar haben sie ausreichend Farbe und einen Pinsel zur Verfügung.

Gemeinsam entscheiden sich die Kinder für die Farben, die der Vogel bekommen soll. Wie sehen seine Flügel aus? Die Farben werden so vorbereitet, (z. B. auf einem Pappteller eine Farbpalette mit wallnussgroßen Farbportionen anlegen), dass sie schnell zur Verfügung stehen, denn es muss zügig gemalt werden, damit die Farbe nicht an den Händen trocknet.

Das erste Kind streckt dem Partner seine Hände entgegen. Es hält die Handflächen ruhig und mit leicht gespreizten Fingern.

Der Partner bemalt mit dem Pinsel in den verabredeten Farben beide Handflächen.

Das Kind druckt die bemalten Hände auf das Blatt Papier. Dabei berühren sich die Daumen in voller Länge, die Finger sind auseinandergespreizt. Die bemalten Hände stellen die Flügel des Vogels dar.

Mit dem Pinsel oder mit Stiften malen die Kinder jetzt den Körper, die Schwanzfedern und den Schnabel dazu.

*Auf manchen Flüssen und in einigen Lagunen wird mit **Einbäumen** gefahren. Das sind Boote, gebaut aus einem einzigen Baumstamm. Im Hinterland von Salvador da Bahia gibt es Einbäume mit Segeln, und die Menschen fahren Regatten, also Einbaum-Wettrennen. Die Kinder dort haben sich das abgeguckt, eigene Einbäume gebaut und veranstalten auch Wettrennen. So sieht das aus:*

Spiel mit selbstgebauten Einbäumen

Einbaum

Einbäume

Alter: ab 5 Jahren
Material: Holzstücke aus weichem Holz, ca. 30 × 10 cm (z. B. Kiefer, Fichte); Handbohrer; Säge; Stöcke; dünne stabile Plastikfolie; Schnur; Holzleim; Nagelösen; Reißzwecken

Das Holz im Wald sammeln oder im Baumarkt kaufen. Wahlweise ein Brennholzscheit in entsprechender Größe verwenden oder eine Holzleiste in Stücke sägen. Jedes Kind erhält ein Stück Holz und 4 Stöcke in entsprechender Größe für den Mastbau. Ein Mast besteht aus der Verbindung von zwei Stöcken.
Den kleineren Stock mit einem Bindfaden auf der Hälfte des größeren anknoten.

Die Segel zurechtschneiden und am Mast befestigen. Hierfür die oberen Ecken des Segels mit Bindfaden an den oberen Enden der Masten verknoten. Der Bindfaden muss so lang sein, dass ein ausreichend langes Stück zum späteren Spannen des Segels übrigbleibt.
Vorne und hinten am Schiffskörper Nagelösen oder Reißzwecken anbringen.
Zur Aufstellung und Fixierung der Segel mit dem Handbohrer Löcher in das Holz bohren.
Die Löcher mit Holzleim füllen und die Masten darin befestigen.
Ist der Kleber getrocknet, die Segel mit der Restschnur über die Nagelösen bzw. angebrachten Reißzwecken spannen.

A canoa virou – Ein Kanu kentert

Text: trad. / M. F. Hohberger | **Musik:** trad. / Bearb.: M. F. Hohberger / R. Kiwit

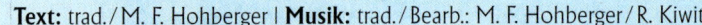

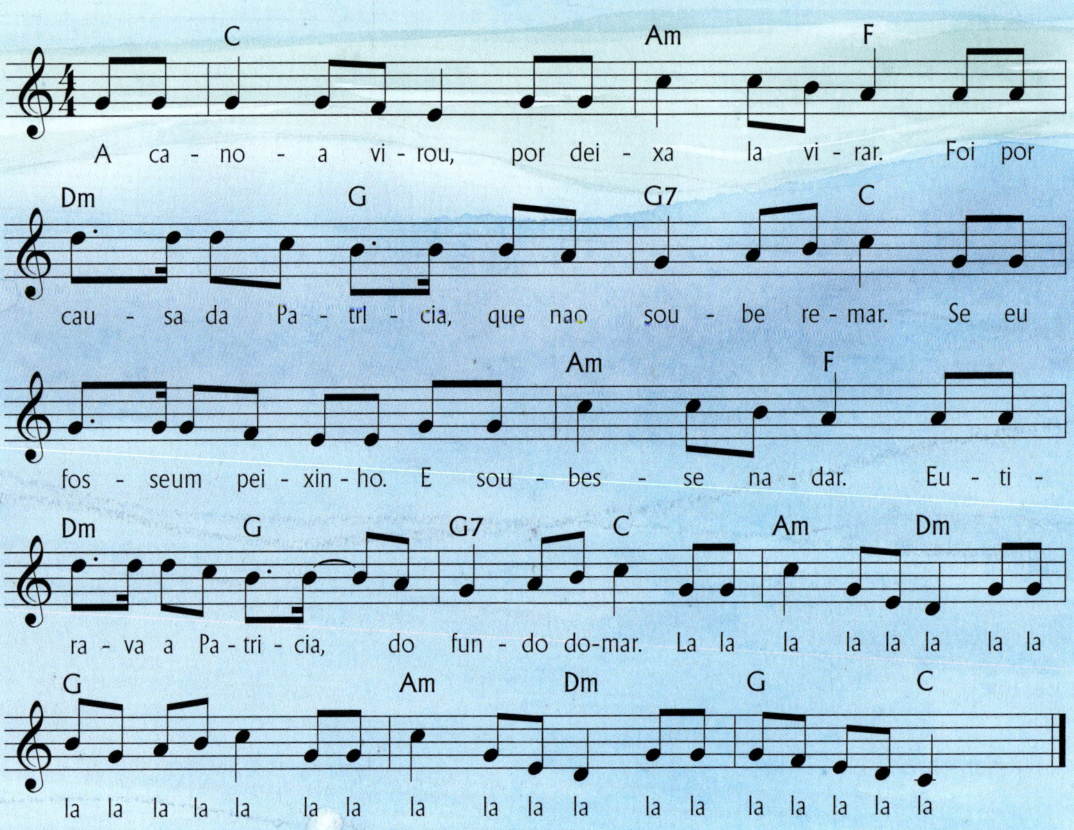

C Am F
A ca - no - a vi - rou, por dei - xa la vi - rar. Foi por
Dm G G7 C
cau - sa da Pa - tri - cia, que nao sou - be re - mar. Se eu
Am F
fos - seum pei - xin - ho. E sou - bes - se na - dar. Eu - ti -
Dm G G7 C Am Dm
ra - va a Pa - tri - cia, do fun - do do-mar. La la la la la la la la
G Am Dm G C
la la la la la la la la la la la la la la la la la

2. Ein Kanu kommt vorbei,
sein Matrose lächelt stolz.
Doch das Kanu geht unter,
war wohl nicht aus gutem Holz.

3. Kommt ein Fischlein vorbei,
taucht schnell unter 1, 2, 3,
schnappt sich schnell die blauen Hosen
und rettet den Matrosen.

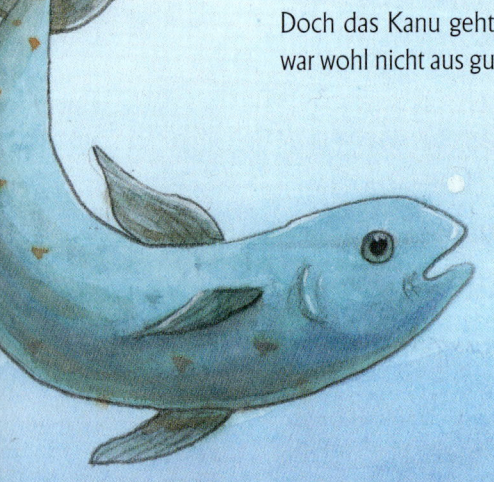

Brasilien ist einer der wichtigsten Produzenten von Früchten auf der ganzen Welt. Es gibt sooooo viele exotische Früchte in Brasilien und viele wachsen im Amazonasgebiet. Die Natur und die Märkte sind voll davon und an jeder Ecke kann man frische Fruchtsäfte bekommen. Mmmmhhh …. Lecker!!! Für das nächste Lied kann man noch viele Strophen erfinden bei den vielen Früchten. Und schaut mal auf der nächsten Seite, die Kokosnüsse!

Tutti frutti

Ananas und Papaya

Text: M. F. Hohberger | **Musik:** M. F. Hohberger / R. Kiwit

Dieses Lied wird mit dem Samba Reggae Rhythmus von S. 47 begleitet. Der erste Teil wird gemein-sam gesungen. Der zweite Teil kann als Kanon gesungen werden. Die Einsätze erfolgen immer nach zwei Takten.

1.Teil

A - na - nas   und Pa - pa - ya,   Co - co - nut und   A - ca - i,

Me - lo - ne   und Ba - na - na,   O - ran - ge, Man - go   und Ki - wi.

2.Teil: Beginn des Kanons

A - na - nas   und Pa - pa - ya,   Co - co - nut und   A - ca - i,

Me - lo - ne   und Ba - na - na,   O - ran - ge, Man - go   und Ki - wi.

2. Acerola, Tamarinde,
Graviola und Umbu,
Ameixa und Limette,
Maracuja und Cajú.

Kokosnüsse gibt es in Brasilien an jeder Straßenecke. Sie sind fast so groß wie Handbälle und saftig grün. Der Verkäufer schlägt mit einer großen Machete ein kleines Loch rein und steckt einen Strohhalm hinein. Jetzt kann man das leckere Kokoswasser, das Água de Coco, direkt aus der Nuss trinken. Ist die große grüne Nuss leergetrunken, gibt man sie dem Verkäufer zurück. Der schlägt sie mit der Machete in mehrere Teile. Aus einem Teil der Schale schnitzt er noch schnell ein kleines „Löffelchen", damit kann man dann das weiche Kokosfleisch aus der Nuss schaben. Manchmal hat man auch Glück, und ein paar Jungs holen die Nüsse direkt vom Baum. Auf S. 48 gibt es übrigens ein schönes „Kokosnusslied"

Kokosnüsse pflücken, Kokoswasser trinken, Kokosfleisch essen

4. Flugetappe

Iguaçu („Cataratas do Iguaçu" in Google Earth zum Anfliegen eingeben)

Richtig viel Wasser gibt es auch bei den Iguaçu-Wasserfällen. Die weltberühmten Wasserfälle bilden ein einzigartiges Naturwunder. Der Fluss Iguaçu, (das ist ein Begriff aus der Indianersprache und bedeutet „viel Wasser") läuft an der Grenze zu Argentinien. Über 2 km stürzt hier das Wasser in die Tiefe, kombiniert mit dem entsprechenden Licht erleuchten schillernde Regenbögen, es herrscht ein ohrenbetäubender Lärm.

5. Flugetappe

São Paulo – (der Name bedeutet übersetzt „Heiliger Paulus") ist riesig. Es ist 80 km breit und 60 km lang, wird von 20 Millionen Menschen bewohnt und ist die größte Stadt Brasiliens. Es gibt viele Hochhäuser. In Sao Paulo steht mit ca. 5000 Bewohnern in 1160 Wohneinheiten das größte Wohnhaus der Welt. Es heißt **Edifício Copan** und ist von dem berühmten Architekten Oscar Niemeyer entworfen worden.

Entlang der **Avenida Paulista** oder **Avenida prestes Maia** lassen sich in Google Earth ein paar Fotos öffnen, die Einblicke in die Stadt verschaffen. Auch zum alten Herzen der Stadt, der **Praça da Sé** – dem Platz der Kathedrale lohnt sich ein „Flug". Durch das Überfliegen rings um den Platz der Kathedrale zeigen sich die Hochhäuser in 3D und viele große Straßen machen das Ausmaß der Stadt deutlich.

Auf den großen Straßen und der Stadtautobahn gibt es in Sao Paulo oft sehr lange Staus.

Ha,- und da haben sich die Menschen hier was von uns abgeguckt: Sie beginnen zu fliegen. Sie fliegen innerhalb der Stadt von Ort zu Ort. Mit einem Hubschrauber, einem Helikopter.

Das zeigt aber auch die große Ungleichheit hier in Brasilien. Ein „Heli-Taxi" können sich nur sehr, sehr reiche Leute leisten. Es kostet pro Stunde so viel wie ein Motoboy im ganzen Monat verdient. (Motoboys sind Motorradfahrer, die Kurierdienste leisten und sich jeden Tag durch die vollen Straßen schlängeln.)

6. Flugetappe

Salvador da Bahia

Der Bundesstaat Bahia hat ungefähr die Größe Frankreichs. Salvador ist die Hauptstadt und das Herz Bahias: eine Kolonialstadt mit bunten Häusern und vergoldeten Kirchen. Der vollständige Name lautet: São Salvador da Bahia de Todos os Santos und heißt übersetzt: Heiliger Erlöser von der Bucht der Allerheiligen.

Salvador hat einen **Hafen.** Der Hafen ist in der „Unterstadt". Von hier aus gibt es einen 72 m langen Fahrstuhl **(Elevador Lacerda),** mit dem man in die „Oberstadt" fahren kann. Hier ist man gleich im historischen Teil Salvadors, am berühmten **Pelourinho.** Pelourinho heißt übersetzt Pranger. Hier kam der größte Teil der rund fünf Millionen Afrikaner an, die von den Portugiesen aus Westafrika verschleppt und auf dem zentralen Sklavenmarkt Salvadors, dem Pelourinho, verkauft wurden. Diese Geschichte prägt die Stadt, die Kultur, die Religion und die gesamte Lebensweise der Menschen in Salvador bis heute. Inzwischen ist der Pelourinho ein buntes Künstlerviertel mit vielen kulturellen Projekten und Zentren. An den Küsten nördlich und südlich von Salvador gibt es wunderbare lange Palmenstrände. (z. B. **Praia de Itapuã**)

So, jetzt habt ihr euch ein Bild gemacht von ein paar wenigen Plätzen und Besonderheiten dieses riesigen Landes. Wenn ihr Lust habt, könnt ihr natürlich noch viel mehr Orte ansehen: **Pernambuco,** *die Städte* **Recife** *und* **Olinda,** *den Nationalpark* **Chapada Diamantina** *in* **Bahia** *oder Brasiliens futuristische Hauptstadt* **Bras**í**lia.** *Sie wurde in den 1950iger Jahren mit moderner Architektur künstlich erbaut und ist noch gut in Schuss. Oder ihr besucht mal alle 12 Städte, in deren Stadien die Fußballspiele während der Fußball-WM 2014 in Brasilien gespielt werden:* **Belo Horizonte, Brasília, Cuiabá, Curitiba, Fortaleza, Manaus, Natal, Porto Alegre, Recife, Rio de Janeiro, Salvador da Bahia** *und* **São Paulo.**
Ich habe jetzt Lust, mit euch das Land mit allen Sinnen zu erkunden. Lasst uns als Erstes in die unglaubliche Vielfalt der brasilianischen Musik eintauchen! Da gibt's noch genug Geschichten über Land und Leute zu erzählen. Wir beginnen mit Samba. Um, dois, três, quatro …

Der Pelourinho in Salvador da Bahia

Música – Musik

„Brasilien ist so reich an musikalischen Ausdrucksformen, dass
es sich leisten könnte, über Jahrhunderte hinweg jährlich einen
neuen Tanz, eine neue Liedform oder einen neuen Rhythmus
der Welt anzubieten, ohne sich je wiederholen zu müssen."

Claus Schreiner in „Musica Popular Brasileira"

Dieses Kapitel zeigt Auszüge aus der unendlichen Vielfalt der brasilianischen Musik. Ausgesuchte traditionelle und moderne Rhythmen und Lieder laden zum Nachspielen ein. Im Mittelpunkt steht dabei das Spiel auf Rhythmusinstrumenten. Das Kapitel enthält zudem Anregungen zum Instrumentenbau, strukturierte Anleitungen zum Spielen der Rhythmen und tolle Kombinationen mit schwungvollen Liedern.

Zu jedem beschriebenen Musikstil in diesem Kapitel sind Stichworte als Vorschläge zur Recherche von YouTube-Videos aufgelistet. Dieses Internet-Videoportal ist sehr gut dazu geeignet, gemeinsam mit den Kindern in die Musik und die Atmosphäre Brasiliens einzutauchen. Die Spielleitung sollte die angegebenen Stichworte zuvor recherchiert und eine Auswahl getroffen haben.

Musik gehört in Brasilien zum Leben wie Essen und Trinken. Überall wird Musik gespielt und es gibt ganz viele verschiedene Musikstile: Samba, Samba-Reggae, Choro, Bossa Nova, Forró, Pop, Funk und noch unendlich viele mehr. Viele der Musikstile haben ihre Wurzeln in den Liedern und Rhythmen der Orixás (gespr.: Orischas). Orixás sind die Götter im Candomblé, der afrobrasilianischen Religion, die mit den Afrikanern nach Brasilien gekommen ist.

Im Mittelpunkt der brasilianischen Musik steht der Rhythmus, d.h., in Brasilien wird getrommelt, und zwar so richtig und auch richtig viel. In den Zeremonien, auf der Straße, beim Karneval, in der Popmusik.

Das Trommeln ist in Brasilien eine große und angesehene Kunst. Besonders in den Samba-Schulen Rios und den Blocos Afros. In Bahia kommen zahlreiche Percussioninstrumente zum Einsatz: Surdos, Caixas, Pandeiros, Agogôs, Repinique, Caxixis, Shekeres, Reco-Reco, Cuica und noch viele mehr. Ihr braucht also Instrumente und dann geht's los!

Instrumente kreativ

Kreative Instrumente aus Recyclingmaterial

Surdo

Die Kinder in Brasilien lernen das Trommeln ganz spielerisch, durch Dabei sein, Zuhören und Mitmachen. Dazu verwenden sie nicht selten selbst hergestellte Instrumente aus Recyclingmaterial. Für die in diesem Buch notierten Rhythmen werden folgende Instrumente benötigt, die, wenn vorhanden im Original verwendet oder ersetzt werden durch Toms, Snare oder Bassdrum vom Schlagzeug. Sie können aber auch wie in den folgenden Anleitungen beschrieben aus Recyclingmaterial hergestellt werden.

Surdo

Surdos sind tiefe, große Basstrommeln. Sie werden mit großen Schlägeln mit Filzkopf gespielt und sind „das Herz" der Musik. Die selbstgebauten Surdos können auch mit weichen Schlägeln aus dem Orff Instrumente-Equipment bespielt werden.

Surdo kreativ

Alter: ab 5 Jahren
Material: große Plastikgefäße aus stabilem Material wie z.B. Regenwasser-Auffangtonnen, Plastikfässer, Kanister, große schwarze Baueimer (je tiefer der Klang, desto besser); Schlägel

Die Fässer und größeren Plastikbehälter lassen sich direkt so bespielen. Die Kinder stellen das Instrument vor sich hin und los geht's!

Surdo

Caixa

Die Caixa ist der Snaredrum vom Schlagzeug ähnlich. Sie wird mit Schlagzeugsticks gespielt. Die Caixa ist verglichen mit der Snare leichter und für den Straßenumzug konzipiert. Sollten Snaredrums vom Schlagzeug zur Verfügung stehen, können sie wunderbar verwendet werden. Durch den „Teppich", der über dem unteren Fell gespannt ist, hat die Snare einen „schnarrenden" Klang.

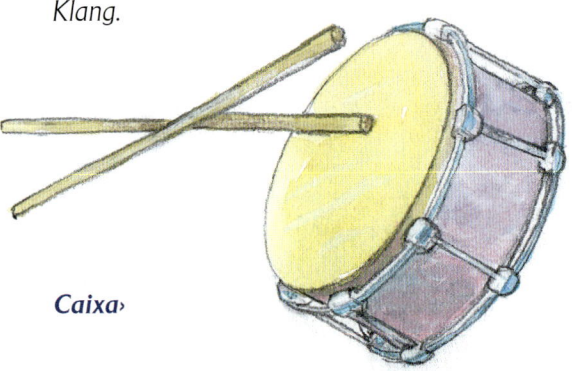

Caixa›

Caixa kreativ

Alter: ab 6 Jahren mit Hilfestellung
Material: große leere Konservendosen ohne Deckel (ca. 5 kg Inhalt, in Großküchen erhältlich); Hutgummiband; Schrauben in unterschiedlichen Größen; Hammer; Nagel; evtl. Schrauben mit Muttern und Unterlegscheiben

Die Schrauben mit ca. 5 cm Abstand der Reihe nach fest an das Hutgummiband knoten.
Das „Schraubengummiband" einmal außen um die Konservendose wickeln und festknoten. Dieses Band ist jetzt der Snareteppich und erzeugt das schnarrende Geräusch einer Snaredrum.

Zum Bespielen die Dose quer zwischen die Beine klemmen und je nach gewünschter Lautstärke mit Sticks oder auch nur mit den Händen auf der Dosenwand spielen. Ist das Halten zwischen den Beinen zu unsicher, an jeder Seite der quer liegenden Dose mithilfe eines großen Nagels und eines Hammers ein Loch hineinschlagen, ein Band durchfädeln und das Instrument um die Hüfte binden.

Variante

Der „Snareteppich" kann auch entstehen, wenn viele Löcher in die Dose geschlagen werden. Dann in jedes Loch eine Schraube mit Unterlegscheibe stecken und von innen lose mit einer Mutter verschrauben. Die lockeren Schrauben und Unterlegscheiben ergeben dann den raschelnden Klang.

Agogô

Agogôs sind meistens Zweifach-, manchmal auch Dreifach- oder sogar Vierfach-Glocken. Dadurch haben sie unterschiedliche Tonhöhen und es können Melodien auf ihnen gespielt werden. Die Agogô gibt mit ihrer Melodie die Grundstruktur und liefert einen klaren metallischen Gegenklang zu den anderen Trommeln. Sie wird mit einem Holzstick bespielt.

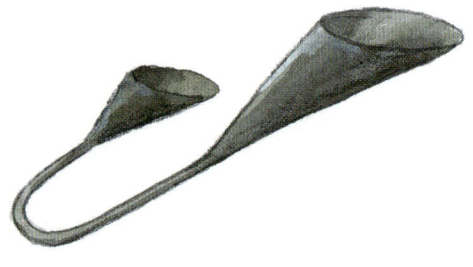

Agogô

Agogô kreativ

Alter: ab 4 Jahren
Material: Glasflaschen; Wasser; Bleistifte

Die Glasflaschen werden zu einer Agogô. Flaschen auf einen Tisch oder auf den Boden nebeneinanderstellen. Durch die unterschiedlichen Größen unterscheiden sich die Flaschen in der Tonhöhe. Zur weiteren Stimmung können sie auch mit Wasser gefüllt werden. Die „Agogôs" mit Sticks bespielen. Hierfür eignen sich z. B. Bleistifte.

Trommler am Pelourinho

Repinique

Repi

Repi ist die Abkürzung für Repinique. Sie ist so groß wie eine Tom (Hängetrommel) vom Schlagzeug. Diese kann man alternativ auch als Repi nutzen, indem man sie für diesen Zweck sehr hoch stimmt. Sie wird in Rio mit einer Hand und einem Stick und in den Bloco Afros in Bahia mit zwei elastischen Plastiksticks gespielt und ist ein fester Bestandteil jeder Formation. Sie gibt die Signale für Breaks & Calls (➜ S. 44) und strukturiert zusätzlich den musikalischen Ablauf.

Die Kinder stellen die Dosen oder Eimer mit der Öffnung nach unten vor sich auf einen Stuhl. Der Stuhl dient als Instrumenten-Stativ. Der Boden der Behälter ist das Trommelfell. Für den Repiklang eignet sich auch das Spielen auf der Kante des „Fells". Repis werden mit Sticks bespielt.
Die Instrumente können auch zum Umhängen vorbereitet werden: Dafür Löcher in die Dosen, Eimer oder Kanister bohren, ein Band durchfädeln und um die Hüfte hängen.

Löcher

Repi kreativ

Alter: ab 5 Jahren
Material: wahlweise große Dosen, Plastikeimer oder Plastikkanister; Drumsticks

Timbaspieler

Timba

Timbas sind Handtrommeln. Die Timba ist der westafrikanischen Djembe ähnlich. Sie hat ein Plastikfell und ist aus Pressholz gefertigt. Für die hier im Buch notierten Rhythmen können alle evtl. vorhandenen Handtrommeln verwendet werden (Congas, Djemben, Kpanlogos etc.)

Timba

Timba kreativ

Alter: ab 6 Jahren
Material: Plastikeimer, ca. 30 cm hoch, 20 cm Durchmesser; Stoffstreifen oder Tücher; Zackenschere; Bohrmaschine

Als „Timbas" eignen sich Papierkörbe aus Plastik. Sie haben im Vergleich zu Haushaltseimern häufig wärmere Klänge, da sie aus weicherem Material bestehen.

Die Spielleitung hat den Eimer mit dem Boden nach oben vor sich. Ca. 5 cm unterhalb der Bodenkante markiert sie zwei nebeneinanderliegende Punkte mit einem Abstand von etwa 5 cm. Mit dem größtmöglichen Bohrer werden hier zwei Löcher gebohrt.

Die Kinder schneiden mit der Zackenschere 1 m–1,20 m lange und ca. 10 cm breite Stoffstreifen zurecht. Jedes Ende des Stoffstreifens von außen nach innen durch ein Loch fädeln und von innen gut verknoten.

Die „Gurte" der Größe des Kindes anpassen.

Die Kinder tragen das Instrument über einer Schulter. (Nicht um den Hals und nicht um den Bauch!) Die Trommel hängt etwas unterhalb des Bauchnabels. Mit den Händen bespielen.

Ganzá

Ganzás sind Schüttelrohre oder Shaker / Rasseln.

Alter: ab 4 Jahren
Material: Papp,- Plastik- oder Metallröhren, ca. 20 cm lang, 6 cm Durchmesser; festes Papier oder starke Folie; Klebeband; Füllmaterial (je nach Klangwunsch Mais, Reis, kleine Steinchen etc.)

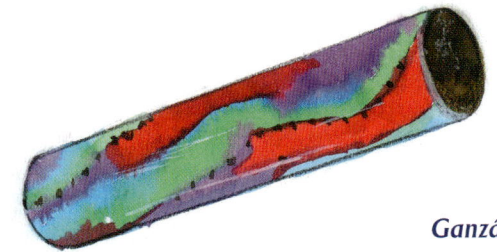

Ganzá

Die Pappröhren mit den ausgewählten Materialien füllen und gut verschließen.

Bei Pappröhren mit Plastikdeckeln den Deckel gut mit Klebeband fixieren. Röhren ohne Deckel von beiden Seiten mit festem Papier oder starker Folie überspannen und fest mit Klebeband fixieren.

Rocars

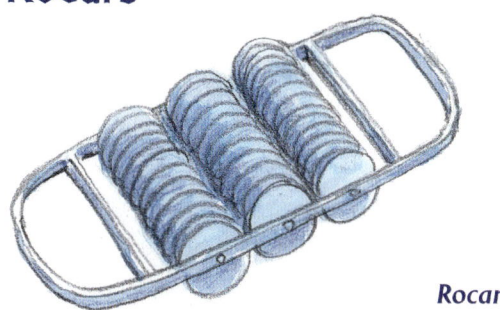

Rocars

Wenn es etwas lauter sein soll als bei den Ganzás, kommen Rocars zum Einsatz. Das sind bis zu 60 Schellenpaare in Alurahmen oder an Holzstäben befestigt.

Alter: ab 6 Jahren mit Hilfestellung
Material: Holzleiste, 30 cm lang, 4–5 cm dick, Fuchsschwanz oder Stichsäge; Kronkorken (je nach gewünschten Schellenpaaren ca. 20 Stück pro Kind); Nägel, 7 cm lang; Handmetallbohrer; Schleifpapier

Instrumente aus PET-Flaschen

Die Spielleitung verteilt die Holzleisten an die Kinder. Die Kinder schleifen mit dem Schleifpapier die Schnittstellen glatt. Ca. 8 cm von rechts und links an den Holzstücken „handgroße" Griffe abmessen und kennzeichnen.

In die Mitte eines jeden Kronkorkens ein Loch bohren. Auf jeden Nagel drei Korkenpaare auffädeln. Jedes Korkenpaar ist mit der glatten Seite zueinander gewandt. Diese Nägel mit den aufgefädelten Korken in die Holzleiste einschlagen – jeweils 5 Nägel auf gegenüberliegenden Seiten. Darauf achten, dass die Griffe frei bleiben.

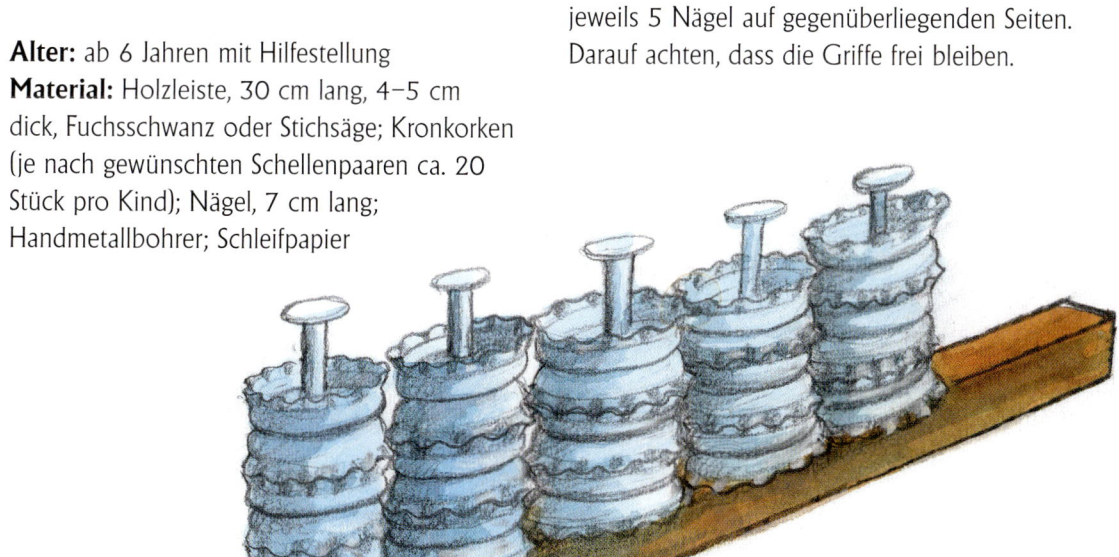

Rascheln aus Flaschen und Deckeln

Die hier beschriebenen Rascheln sind als Geräuscherzeuger verwendbar (z. B. im Dschungelorchester von S. 18). Sie sind den „echten" Rascheln, die aus großen, getrockneten, afrikanischen Samen bestehen, nachempfunden.

Alter: ab 4 Jahren (mit Hilfestellung)
Materlal: 10–15 kleine Plastik-Trinkjoghurtflaschen oder ca. 50 Plastikflaschendeckel; Nadel; Kerzenflamme oder Gasflamme zum Erhitzen der Nadel; Bindfaden; Schere

Kleine Flaschen

Die Spielleitung bohrt mit der heißen Nadel ein Loch in den Boden der Trinkjoghurtflasche.
Einen ca. 50 cm langen Bindfaden durch dieses Loch ziehen und von innen verknoten.
Etwa 10 bis 15 auf diese Weise präparierte Trinkflaschen zu einem Bündel zusammenknoten.

Plastikdeckel

Die Spielleitung bohrt mit der heißen Nadel jeweils ein Loch in die Deckel der Plastikflaschen.
Ca. 20 Plastikdeckel wie Perlen auf einen Bindfaden fädeln.
5 bis 10 dieser Deckelketten zu einem Bündel verknoten.

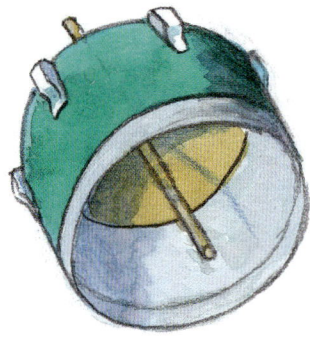

Cuíca

Cuíca

Die Cuíca ist eine Reibetrommel, bei der ein im Fell eingebettetes Bambusstäbchen mit einem feuchten Tuch gerieben wird und somit Töne erzeugt. Mit den Fingern der anderen Hand wird durch Druck auf das Fell die Tonhöhe variiert. Die Cuíca kann Tiere nachmachen, sie kann lachen und weinen.

Cuíca kreativ

Alter: ab 5 Jahren (mit Hilfestellung)
Material: Kaffeedose oder andere Dose mit Plastikdeckel; Dosenöffner; Klebeband; heiße Nadel; Feuerzeug; Schaschlikstab aus Holz; feuchter Lappen, ca. 8 × 8 cm

Die Spielleitung entfernt mit dem Dosenöffner den Boden der Dose. Den unteren Dosenrand mit Klebeband umkleben, sodass er ganz sicher keine scharfe Kanten mehr hat.
In die Mitte des Plastikdeckels mit der heißen Nadel ein Loch bohren und den Schaschlikstab durchschieben, sodass er oben ca. 2 cm aus dem Deckel herausschaut.
Den Stab direkt ober- und unterhalb des Deckels mit Klebeband fixieren.
Wenn er fest sitzt, den Deckel mit dem eingebauten Holzstab wieder auf der Dose befestigen. Fertig!

Spielweise

Die Dose wird von Rechtshändern in der linken Hand gehalten, während die rechte Hand den kleinen feuchten Lappen hält. Mit dem Lappen jetzt am Holzstab in der Dose reiben. Dadurch entsteht ein Ton, der durch den Deckel (das Trommelfell) und den Resonanzkörper der Dose hörbar wird. Die Finger der linken Hand können jetzt durch Drücken des Deckels die Tonhöhen variieren.

Am Anfang sind Ersatzstäbe nötig, denn es braucht ein bisschen Übung, bis der Spieler herausgefunden hat, mit wie viel Druck er spielen kann.

Caxixi

Das Caxixi (gespr.: Kaschischi) besteht aus einer kleinen Kalebassenscheibe (Kalebassen sind ausgehöhlte Kürbisse), auf die ein Körbchen aus Rattan oder Bast geflochten wird. Dieses ist mit Samen gefüllt und von allen Seiten geschlossen. Beim Schütteln schlagen die Körner im Inneren der Caxixi mal gegen das Korbgeflecht, mal gegen die eingebaute Platte und erzeugen auf diese Weise verschiedene Percussiongeräusche. Damit bietet ein Caxixi eine Vielzahl rhythmischer Möglichkeiten und das Spielen darauf macht großen Spaß! In Brasilien spielen es überwiegend die Berimbauspieler (ein Berimbau ist ein einsaitiger Musikbogen) bei der Capoeiramusik.

Caxixi kreativ

Alter: 5 Jahren
Material: Joghurtbecher; feste Folie oder Papier; Schere; starke Haushaltsgummis; Wachtelbohnen, getrocknet oder Mais, getrocknet

Den leeren, ausgewaschenen Joghurtbecher ca. 1 cm hoch mit Wachtelbohnen oder Mais befüllen.
Aus der Folie oder dem Backpapier ein Stück in der Größe der Becheröffnung plus 3 cm Zuschnitt zuschneiden.
Folie oder Papier über die Öffnung des Bechers legen und spannen. Mit starken Haushaltsgummis das Papier am Becherrand fixieren. Fertig!
Wenn der Inhalt jetzt gegen die Becherwände geschüttelt wird, erklingen tiefere, weiche Töne. Werden die Bohnen gegen den Becherboden geschüttelt, erklingt ein höherer, schärferer Ton.

Hinweis
Für die folgenden Übungen und Rhythmen (→ S. 38) benötigt jedes Kind zwei Caxixis.

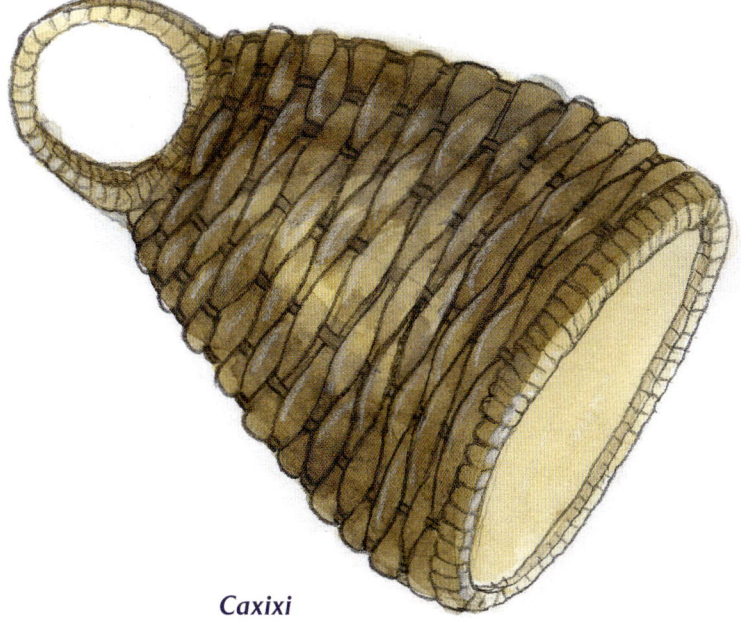

Caxixi

Caxixi-Spiel

Material: pro Kind 2 Caxixis (➜ S. 37)

Jedes Kind erhält zwei Caxixis und nimmt in jede Hand eines. Als Erstes werden die unterschiedlichen Klänge probiert:

Wie klingt es, wenn der Inhalt die Seiten des Bechers berührt?

Wie klingt es, wenn der Inhalt an den Becherboden gespielt wird?

Klingen alle Caxixis gleich oder unterschiedlich? Jedes Kind stellt den Klang seiner Caxixis einmal vor. Zum rhythmischen Spiel werden dann die notierten Beispielübungen angeleitet:

Bei **W = Becherwand** die Caxixis quer halten.

Bei **B = Becherboden** dreht sich die jeweilige Hand so, dass der Caxixiboden nach vorne zeigt. In der ersten Übung beide Caxixis in regelmäßigen Vierteln gleichzeitig spielen.

In den Achtelnotierungen rechts-links abwechselnd spielen (re / li).

Das letzte Beispiel eignet sich auch als Frage-/Antwortspiel. Die Gruppe teilt sich dafür in die Becherwand- und die Becherboden-Gruppe. Auch die Frage- und Antwortspiele von S. 45 können beim Caxixi-Spiel eingesetzt werden.

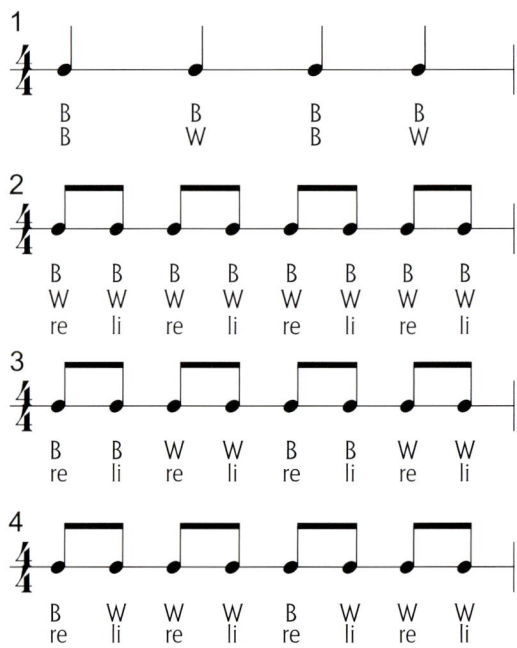

Hinweise

- Das Caxixi-Spiel erfolgt ohne Kraft und An-
strengung. Immer nur so viel Bewegung aus
dem Handgelenk geben, wie es zum Bewegen
des Caxixi-Inhaltes nötig ist. Je leichter und
lockerer die Bewegung, desto besser klingt es.
- Das Caxixi-Spiel kann zur rhythmischen Be-
gleitung der Lieder in diesem Buch eingesetzt
werden.

Beim Trommelspiel müsst ihr unbedingt auf eure Ohren aufpassen: Entweder ihr spielt möglichst leise oder ihr setzt euch Ohrstöpsel ein. Es muss auf jeden Fall immer angenehm für euch sein!

Samba

*Wer den Samba nicht mag,
ist kein guter Kerl,
bei ihm tickt`s nicht richtig
oder er ist fußkrank.*

Dorival Caymmi in seinem Lied „Samba da minha terra"

Samba ist weit mehr als ein Musikstil oder ein Tanz, er ist eine Kultur. Die Menschen in Brasilien sind verrückt nach Samba. Man könnte sagen: Sie essen Samba, schlafen Samba, träumen Samba!

Samba ist mit den Sklaven aus Angola nach Brasilien gekommen und es gibt verschiedenste Samba-Stile, z. B. Samba Batucada, Samba-Funk, Samba-Reggae, Samba Afro, Samba de Roda, Bossa Nova u. a.

In Rio de Janeiro gibt es viele Sambaschulen und die Leute sind auf ihre Sambaschule so stolz wie auf ihre Fußballmannschaft. „Baterías" werden die großen Trommelgruppen dort genannt, in denen bis zu 400 Trommler spielen und die ihren Jahreshöhepunkt beim Karneval erleben. Von der Vielzahl der Sambaschulen spielen 12 in der „ersten Liga". Das bedeutet, dass sie durch die eigens dafür gebaute Arena ziehen und ihre extra für den Karneval vorbereitete Show vor einer Jury präsentieren. Die Arena heißt Sambódromo und ist 700 m lang.

Also los! An die Trommeln, fertig, los! Gründet eine Band, begleitet mit eurer „Baterïá" den nächsten Karneval, das nächste Dorf- oder Stadtteilfest, oder organisiert bei der WM 2014 ein Public viewing in eurer Einrichtung und macht dort richtig Stimmung!

YouTube:

Samba Batucada, Samba Bateria, Sergio Mendes, Escolha do Sambas, Samba Enredo

Einführung der Rhythmen

Erst singen, dann spielen!

Alter: ab 6 Jahren

Die Spielleitung singt zunächst alle Stimmen mit den Kindern. Durch die Lautierungen bekommen die Rhythmen eine Melodie, das erleichtert den Kindern das Übertragen auf die Instrumente. Mit der Surdo geht's los.

Die Surdos oder Basstrommeln sind das Herz der Musik. Wenn die eine „Herzrhythmusstörung" haben, wirkt sich das auf den gesamten Rhythmus aus. An dieser Position sollten deshalb Kinder mit einem sicheren Rhythmusgefühl stehen. Der Rhythmus ist einfach. Die Kunst liegt darin, ihn ausdauernd und gleichmäßig zu spielen. In Brasilien werden Surdos von mehreren Spielern gespielt. Einer spielt die hohe, ein anderer die tiefe (und es gibt noch weitere Surdostimmen). Für Kinder ist es zunächst einfacher, wenn **ein** Kind **beide** Stimmen spielt.

Als Nächstes singt die Spielleitung mit den Kindern die Agogôstimme. Wenn die Kinder die Stimme singen können, teilt die Spielleitung zwei Gruppen ein. Gruppe 1 singt die Surdo-Stimme, Gruppe 2 singt die Agogô-Stimme. Jede Gruppe wird aufgefordert, die andere Gruppe bewusst zu hören. Wie klingen die beiden Stimmen zusammen? Sind alle im richtigen Tempo?

Auf diese Weise werden alle Instrumentenlinien gesungen. Jede Stimme wird dann einmal mit der Surdostimme zusammen gesungen, denn jede Instrumentengruppe muss gut mit den Surdos, mit dem „Herzen", verbunden sein, sonst fällt der Rhythmus auseinander.

Mit geübteren Kindern können dann alle Stimmen gleichzeitig gesungen werden.

Dann werden die Stimmen auf die Instrumente übertragen. Die Surdos beginnen. Ist der oder die Surdospielerin sicher in ihrem Rhythmus, kommt die Agogô dazu, dann die Snare. Die Snare spielt alle notierten Achtel immer rechts-links durchlaufend. Die Akzente werden durch lautere Schläge hervorgehoben.

Dann setzt das Tamborim ein und zum Schluss der Shaker. So wird das Rhythmusensemble nacheinander aufgebaut.

Surdos

Beherrscht die Gruppe den gemeinsamen Rhythmus in unterschiedlichen Stimmen, können Call & Response-Spiele (Frage- und Antwort-Spiele) als Breaks (Unterbrechungen) und Intros (Einleitungen) eingeführt werden.

Samba no mar – Samba im Meer

Alter: ab 6 Jahren

Material: Percussioninstrumente (wenn vorhanden, im Original, sonst aus „Instrumente kreativ"
(→ S. 30 f.): Surdos, Caixa, Repinique, Tamborim, Agogô, verschiedenste Shaker

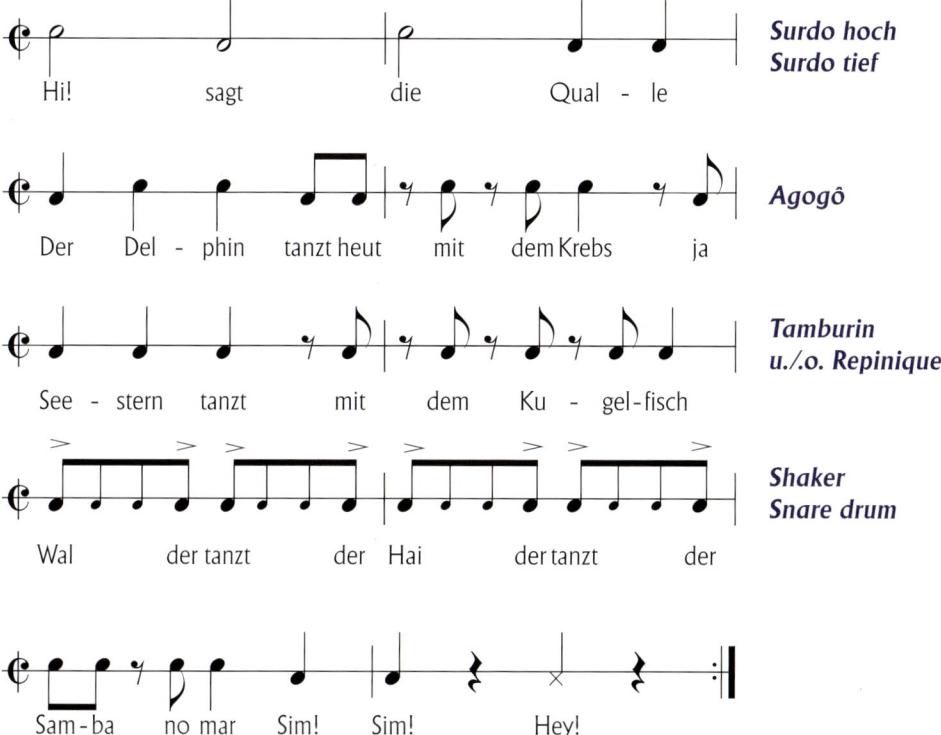

Das Intro (letzte Zeile) kann auch als Break oder Schlusszeichen gespielt werden. Es ist als Frage (hohe Töne)/Antwort- (tiefe Töne) Spiel möglich oder für alle Spieler unisono (alle spielen zur gleichen Zeit das Gleiche)

Die Titellieder der Samba Schulen beim Karneval in Rio sind sogenannte Samba Enredos. Unter dieser Bezeichnung kommt Percussion und Gesang zusammen. Das Lied wird jedes Jahr zu einem bestimmten Thema neu komponiert und mit vielen Trommlern und Tänzern und mit aufwändigen Kostümen im Sambódromo präsentiert. Die Begleitharmonien kommen von einem Cavaquinho, das ist eine kleine Gitarre.

Und mein Thema für euer Titellied heißt Alegría! (Freude) Spielt den Samba-Rhythmus, singt das Lied dazu und tanzt Samba (→ S. 64). Viel Spaß!

Alegría!

Text: M. F. Hohberger | **Musik:** M. F. Hohberger / R. Kiwit

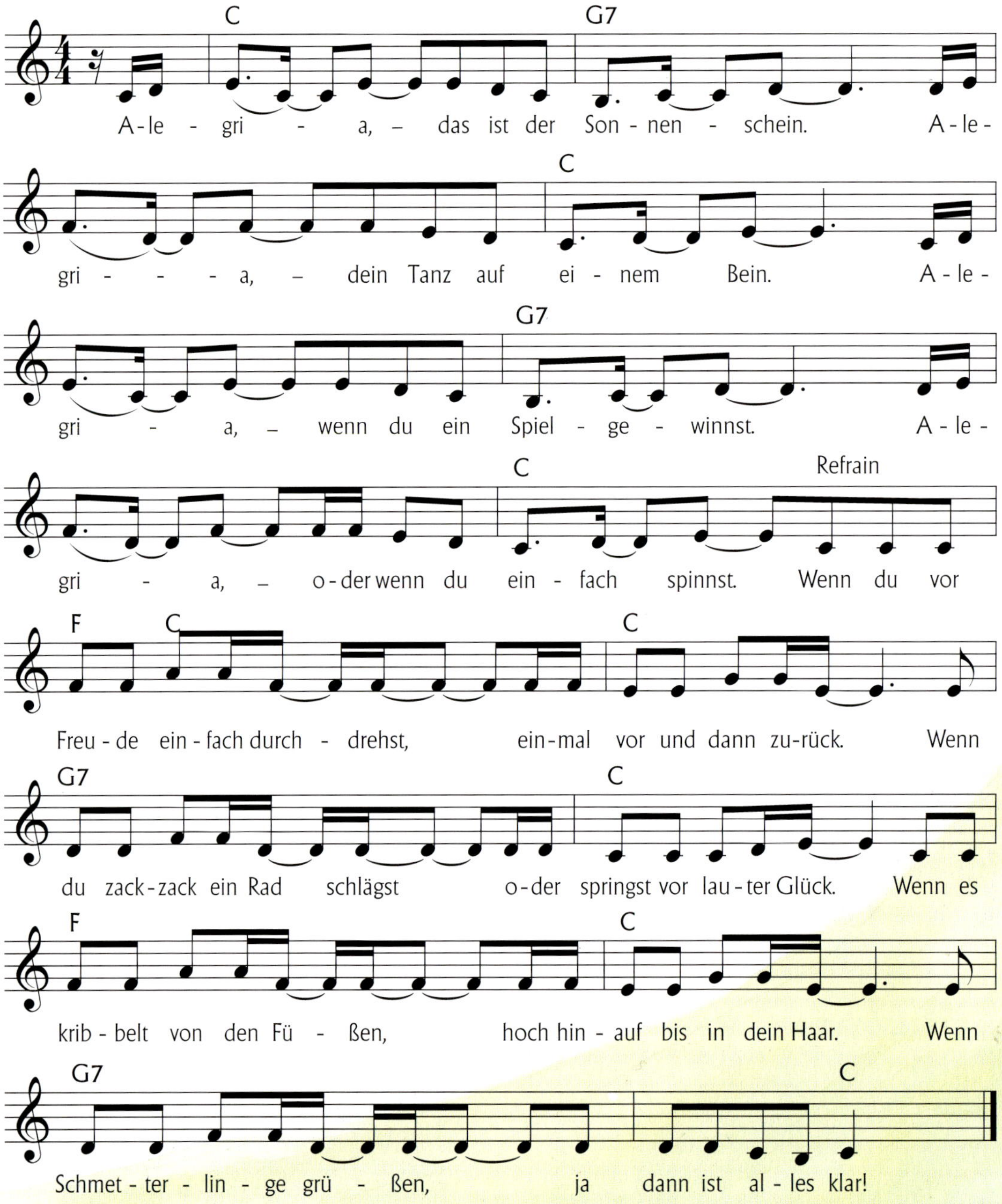

A - le - gri - a, – das ist der Son - nen - schein. A - le -

gri - a, – dein Tanz auf ei - nem Bein. A - le -

gri - a, – wenn du ein Spiel - ge - winnst. A - le -

Refrain

gri - a, – o - der wenn du ein - fach spinnst. Wenn du vor

Freu - de ein - fach durch - drehst, ein - mal vor und dann zu - rück. Wenn

du zack - zack ein Rad schlägst o - der springst vor lau - ter Glück. Wenn es

krib - belt von den Fü - ßen, hoch hin - auf bis in dein Haar. Wenn

Schmet - ter - lin - ge grü - ßen, ja dann ist al - les klar!

2. Alegría − das ist `ne Spur im Schnee.
Alegría − oder schwimmen dort im See.
Alegría − das ist ein Blumenstrauß.
Alegría − heut' fällt die Schule aus!

Refrain:
Wenn du vor Freude …

3. Alegría − das ist ein schöner Klang.
Alegría − vom Vogel der Gesang.
Alegría − ein Stern am Himmelszelt.
Alegría − und du umarmst die Welt.

Refrain:
Wenn du vor Freude …

4. Alegría − wenn das Meer Wellen schlägt.
Alegría − wenn der Baum Äpfel trägt.
Alegría − wenn du durch Pfützen springt.
Alegría − wenn du ein Liedchen singst.

Breaks und Calls

In der Musik der Blocos und Baterias in Brasilien gibt es jede Menge Calls und Breaks. Beim Call (übersetzt: Ruf) ruft ein Instrument, und die Band antwortet. Breaks (übersetzt: Pausen) unterbrechen an bestimmten Stellen den Rhythmus oder die Form des Liedes. Es gibt lange Breaks und kurze, laute und leise, mit Bewegungen und ohne. Der Phantasie sind keine Grenzen gesetzt. Die hier folgenden Breaks sind einfach konzipiert, leicht nachspielbar und wahlweise in den verschiedensten Rhythmen verwendbar. Ein Break kann auch als Intro verwendet werden. Die Breaks werden zunächst separat geübt und dann in den Rhythmus eingegliedert.

Alter: ab 6 Jahren
Material: Percussioninstrumente (wenn vorhanden, im Original, sonst aus „Instrumente kreativ" (→ S. 30 f.): Surdos, Caixa, Repinique, Tamborim, Agogô, verschiedenste Shaker

Die Spielleitung ordnet jedem Break ein (pantomimisches) Zeichen zu. Zeigt sie z. B. den kleinen Finger ihrer rechten Hand in die Höhe, ist das das Zeichen für Break 1. Soll das Stück mit Break 1 beginnen, stehen also alle SpielerInnen mit ihren Instrumenten bereit.

Die Spielleitung zeigt das abgesprochene Zeichen, zählt bis 4 (und gibt damit das Tempo vor). Die Gruppe spielt den Break und geht danach direkt in ihren Rhythmus.

Nach einer Weile macht die Spielleitung wieder ein Zeichen. Die Gruppe registriert das und spielt so lange weiter, bis die Spielleitung deutlich bis 4 zählt: Der Break wird gespielt und anschließend gleich wieder der Groove.

Hinweis

Die Spielleitung muss deutliche Zeichen geben.

Breaks unisono

Alle spielen zur gleichen Zeit das Gleiche.

Auftakt s. Reggae

Breaks im Frage- und Antwortspiel

Ein Instrument stellt eine Frage, alle anderen antworten.

Breaks mit Bewegung

Hier spielt eine Instrumentengruppe ihren Rhythmus weiter, die anderen spielen einen der notierten Breaks dazu und bewegen sich dabei:

Bei (1) springen die Spieler bei jedem Akzent in die Höhe.

Bei (2) können die notierten Pausen geklatscht werden. Dabei die Hände oder die Sticks über den Kopf halten. Schöne Pose!

Bei (3) drehen sich die Spieler bei der 2. Notenzeile während der Achtelnoten einmal um sich selbst.

Samba- Reggae

Samba-Reggae ist eine populäre Art des Sambas in Brasilien. Er ist eine musikalische Mischung aus Brasilien und Jamaika und wird vorwiegend von den Blocos Afros in Salvador da Bahia gespielt. Es dominieren die Percussioninstrumente und Tanzbarkeit ist garantiert. Besonders in der Vorkarnevalszeit bebt die Stadt im Samba-Reggae-Groove. Tagsüber sind es die Kindergruppen, abends Jugendliche und Erwachsene, die trommelnd durch die Straßen ziehen. Schon von Weitem hört man das Dröhnen der Surdos, die peitschenden Repiniques und das Schnarren der Caixas.

YouTube:

Olodum, Muzenza, Ilyê Aiyê, Malê Debalê, Ara Ketu, Cortejo Afro

Trommelschule

Sweet Samba-Reggae

Alter: ab 6 Jahren
Material: Percussioninstrumente (wenn vorhanden, im Original, sonst aus „Instrumente kreativ" (➜ S. 30 f.): Surdos, Caixa, Repinique, Timba, verschiedenste Shaker

Alle notierten Percussionstimmen sind mit „süßen" Lautierungen versehen. Die Spielleitung gibt ein Tempo vor und dann singen alle jede Stimme gemeinsam. Den Anfang macht die Surdo Stimme (s. „Einführung der Rhythmen" S. 40).
Können die Kinder die Silben der Surdo-Stimme im Rhythmus singen, versuchen sie das „zi" noch zusätzlich zu klatschen.
Es braucht wieder eine Weile des Übens und des Hörens. Sind die Kinder „eingegroovt", werden die Stimmen auf die Instrumente übertragen. Wieder gilt: Die Surdos sind das Herz der Musik.
Die „unisono" Surdostimme wird mit Schlägeln gespielt. Alle Töne mit der rechten und linken Hand im Wechsel spielen. Beim „zi" die Schlägel aneinanderschlagen.
Sind die Kinder mit dem Rhythmus vertraut, können die Schläge auf drei unterschiedlich klingende Surdos verteilt werden. Ein Kind spielt den Beat auf der tiefen und mittleren Surdo, einer oder auch mehrere andere SpielerInnen spielen

dazu die hohe Surdo. Die Surdos beginnen auf der Zählzeit 3 mit einem Auftakt.

Die **Caixa** wird mit Schlagzeugsticks gespielt. Alle Schläge rechts-links abwechselnd und gleichmäßig ausführen. Die ersten zwei Schläge („ich-ess") auf dem Rand der Trommel, die anderen zwei („Kek-se") auf dem Fell bzw. in der Mitte der Trommel spielen. Die Caixa ist für den Reggae-Akzent zuständig.

Die **Timba** hat mit der rechten Hand einen tiefen Ton in der Mitte der Trommel („Wein") und zwei höhere Töne am Rand der Trommel („Gum-mi").

Die **Repi** wird mit Sticks gespielt.
Shaker und **Rasseln** spielen den off Beat.

Mit dem Samba-Reggae-Rhythmus könnt ihr auch viele Lieder aus euren Liederbüchern begleiten.
Das Nächste dürfte euch schon bekannt vorkommen. In Brasilien schreien die Affen allerdings nach Água de Coco!

Água de Coco

Text: trad. / M. F. Hohberger | **Musik:** trad. / Bearb.: M. F. Hohberger / R. Kiwit

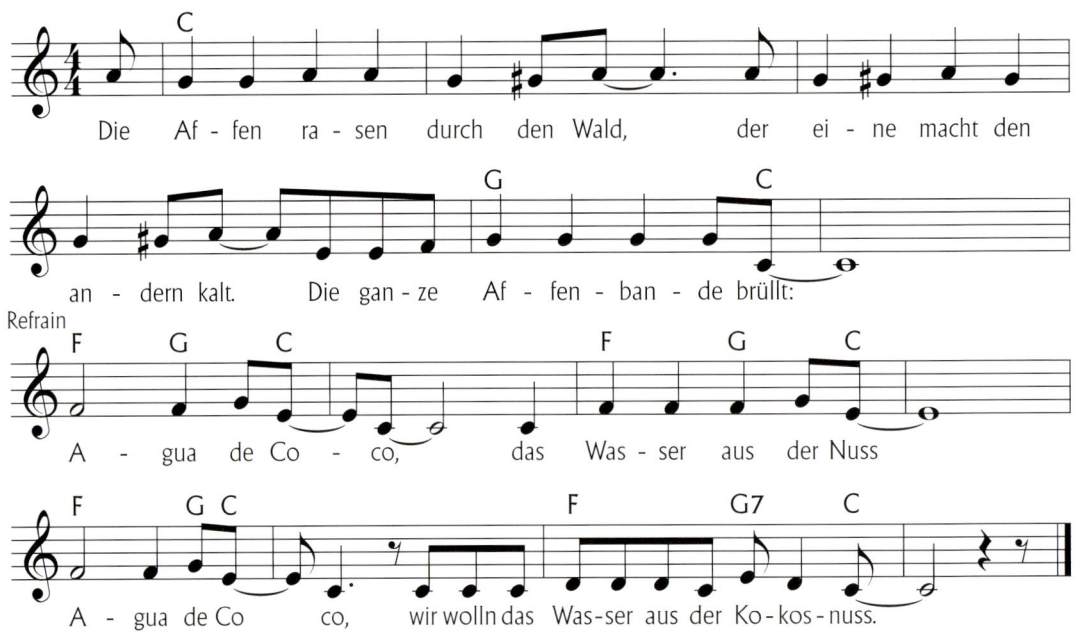

C
Die Af - fen ra - sen durch den Wald, der ei - ne macht den
G C
an - dern kalt. Die gan - ze Af - fen - ban - de brüllt:
Refrain
F G C F G C
A - gua de Co - co, das Was - ser aus der Nuss
F G C F G7 C
A - gua de Co co, wir wolln das Was-ser aus der Ko - kos - nuss.

Hinweis

Mit Samba-Reggae von S. 47 kann der „Ananas & Papaya-Kanon“ von S. 25 begleitet werden oder „Wenn der Brüllaffe trommelt“ (→ S. 16) oder der Refrain im Glückslied von S. 61

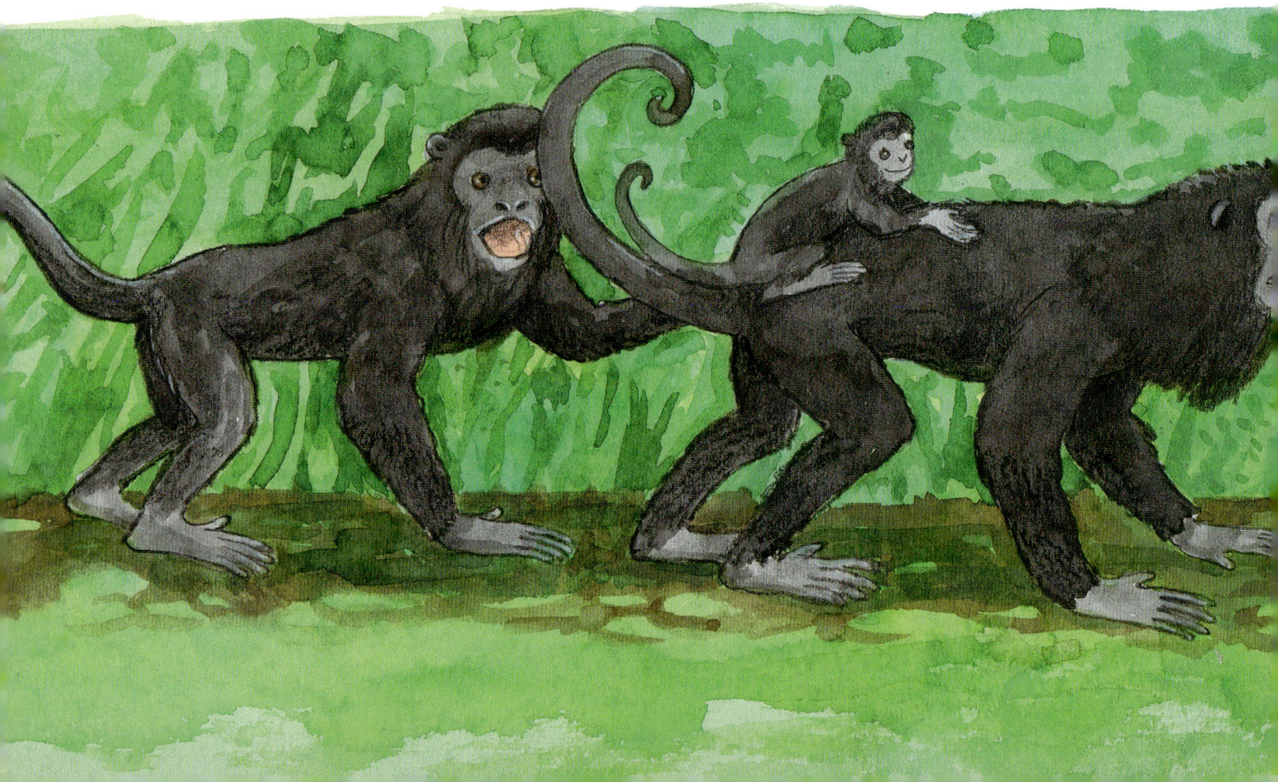

2. Die Affenmama sitzt am Fluss
und angelt nach der Kokosnuss,
die ganze Affenbande brüllt:

Refrain:
Água de Coco!
…

3. Der Affenonkel, welch ein Graus,
reißt ganze Urwaldbäume aus,
die ganze Affenbande brüllt:

Refrain:
Água de Coco!
…

4. Die Affentante kommt von fern,
sie trinkt das Wasser doch so gern.
Die ganze Affenbande brüllt:

Refrain:
Água de Coco!
…

5. Das Affenbaby voll Genuss
hält in der Hand die Kokosnuss.
Die ganze Affenbande brüllt:

Refrain:
Água de Coco!
…

6. Die Affenoma schreit: „Hurra!
Das Kokoswasser ist jetzt da!"
Die ganze Affenbande brüllt:

Refrain:
Água de Coco!
Água de Coco!
Água de Coco!
Wir hab`n das Wasser aus der Nuss!
Água de Coco!
Água de Coco!
Água de Coco!
Und jetzt ist hier auch endlich Schluss!

Orixás – Musik der Götter

 *Jetzt schauen wir uns ein bisschen in der „Götterwelt" Brasiliens um. Noch heute haben viele Musikstile Brasiliens ihre Wurzeln im Candomblé (so heißt die Religion, die mit den Afrikanern nach Brasilien kam). Eine faszinierende Welt, in der alles, von der Musik über die Kleidung, Farben, Lebensmittel, Wochentage bis zu Ritualen eine bestimmte Bedeutung und einen bestimmten Platz hat. Die Götter, die Orixás (gespr. Orischas), sind vor allem in Bahia allgegenwärtig. Überall liest man ihre Namen, überall stehen Abbildungen und Kunstfiguren, immer wieder hört man die Musik der Götter. Da gibt es z. B. Yemanjá, die Göttin des Meeres, Oxum, die Göttin des Süßwassers, Xangô, den Gott des Donners und des Blitzes, Oxóssi, den Gott der Jagd und des Waldes, Yansa, die Göttin von Wind und Unwetter und noch viele mehr. Die Menschen treten in Zeremonien, Ritualen und Festen mit ihnen in Kontakt. Durch die Rhythmen und Lieder werden sie von der Gemeinde angerufen und in die Gemeinschaft gebeten, über die Texte der Lieder werden Wünsche und Gebete ausgesprochen.*

Wir spielen jetzt einen Rhythmus, der Ijexá (gespr.: Ischescha) heißt und besuchen Oxum (gespr. Oschun), die Göttin des Süßwassers. Sie wohnt in Quellen, Bächen und Flüssen. Ihre Farben sind Gelb und Gold, ihr Stein der Saphir und ihr Symbol das Herz. Ihr Tag ist der Samstag. Ijexá wird inzwischen auch häufig in der brasilianischen Popmusik gespielt.

YouTube:
Oxum, Xangô, Exú, Yansa, Yemanjá, Maria Bethânia, Dudu Tucci, Filhos de Ghandy, Afoxé Loni

Ijexá
Die traditionellen Rhythmen in den Zeremonien werden auf Atabaques gespielt, einer der Conga ähnlichen, aus Holz geformten Trommel mit Naturfell.

Alter: ab 6 Jahren
Material: Percussioninstrumente (wenn vorhanden, im Original, sonst aus „Instrumente kreativ" (→ S. 30 f.): Surdos, Conga, Agogô, verschiedenste Shaker

Der Rhythmus wird von der Spielleitung wie auf Seite 40 „Einführung des Rhythmus" eingeführt.
Sind die Kinder sicher im Rhythmusensemble, kann eine andere Kindergruppe einen Chor bilden und Lieder dazu singen, wie z. B. das Lied von Mamae Oxum (gespr.: Oschun) (→ S. 52):

Basstrommel/
Surdo

Conga/
Atabaque

Agogô

**Shaker / Shekere
(Kürbis mit Muscheln o.
Perlen umspannt)**

Orixágemälde

Mamae Oxum

Text: trad./M. F. Hohberger | Musik: trad./Bearb.: M. F. Hohberger/R. Kiwit

Eu vi ma-mae o-xum na ca-cho-ei-ra. Sen

ta-da na bei-ra do ri-o. Eu o. Col-hen-do

li - rio li-rio eh col-hen-do li - rio li-rio la col-hen-do

li - rio pra en-fei-tar nos-so con-ga. Col-hen-do con-ga.

2. Ich hab' Oxum am Fluss gesehen,
sie badet im schönen klaren Wasserfall.
Die goldne Krone auf dem Kopf
und den Spiegel in der Hand.
Sie pflückt Lilien und trägt ein gelbes Gewand.

Kleine Bahiana

Es plätschert, tropft und rauscht!

Zur Einleitung des Liedes von Mamae Oxum spielt ein Wasserorchester.

Alter: ab 4 Jahren
Material: Eimer; Schalen; Krüge; Gläser; Strohhalme; evtl. Mikrofonverstärkung

Die Kinder bereiten verschiedene Wasserinstrumente vor:

- Einige Kinder haben große Eimer oder Wannen mit Wasser gefüllt und schöpfen mit einem Krug das Wasser heraus, um es auch gleich wieder schwungvoll in die Wanne zurückzugeben.
- Andere Kinder haben einen Eimer gefüllt mit Wasser vor sich und erzeugen Geräusche, indem sie das Wasser mit der Hand bewegen.

- Weitere Kinder halten ein Wasserglas in der Hand und pusten mit einem Strohhalm hinein. Steht ein Mikrofon zur Verfügung, können Wassergeräusche wie z. B. das Blubbern im Wasserglas und andere eher leise und tropfende Klänge sehr wirkungsvoll verstärkt werden.

Die Kinder probieren ihre Instrumente aus, überprüfen sie auf unterschiedliche Klänge und stellen die gefundenen Klänge nach einer Weile den anderen Kindern vor. Jetzt wird ein Kind zum Dirigenten gewählt. Der Dirigent verabredet mit den Musikern verschiedene Zeichen für „Anfangen", „Aufhören", „laut" und „leise". Mit diesen Zeichen dirigiert er jetzt sein Orchester und komponiert eine kleine Wassersymphonie.

Hinweis
Eine Inszenierungsidee mit Tanz und Kostüm gibt es im Kapitel „Dança – Tanz" auf S. 71.

Ein Fest zu Ehren der Meeresgöttin Yemanjá

Yemanjá ist die Göttin des Meeres. Ihr Name bedeutet: „Mutter, deren Kinder Fische sind". Sie trägt eine silberne Krone und hält einen silbernen Fächer in der Hand. Ihre Farben sind Weiß und Hellblau, ihr Tag ist auch der Samstag.

Jedes Jahr am 2. Februar gibt es in Salvador das Fest zu Ehren der Göttin der Meere – für Yemanjá. In Rio de Janeiro wird es an Silvester gefeiert. Die Menschen bringen Blumen, Parfüm und andere Geschenke für Yemanjá. Alles wird in Körben gesammelt und dann in geschmückten Booten aufs Meer hinausgefahren. Am Strand musizieren und beten die Menschen. Sie singen Lieder, mit denen sie die Göttin z. B. um guten Fischfang und ein ruhiges Meer bitten. Im nächsten Lied werden mit „Kinije" Grüße an die Meeresgöttin Yemanjá geschickt.

Yemanjá

Text: trad./M. F. Hohberger | **Musik:** trad./Bearb.: M. F. Hohberger/R. Kiwit

Ki-ni-je, ki-ni-je lo-do Ye-man-ja - o. A-
po-ta pe-le-be Ya o-ro mi-o. Ki-ni-
je, ki-ni-je, lo-do Ye-man-ja - o. A-po-ta pe-le-
be Ya o-ro mi o. Ye-man-ja
Ye-man-ja Ye-man-ja Ye-man-ja - o.

Rhythmus „Aguerê"

Der Rhythmus zu diesem Lied heißt Aguerê. Die Agogôstimme ist dem traditionellen Rhythmus entnommen, alle anderen Stimmen sind frei erfunden.

Alter: ab 6 Jahren

Material: Percussioninstrumente (wenn vorhanden, im Original, sonst aus „Instrumente kreativ" (→ S. 30 f.): Surdos, Conga, Agogô, verschiedenste Shaker

Surdos

Agogô

Conga / Atabaque

Shaker / Caxixi / Shekere

Trommelgruppe

Triangelspiele

Jetzt kommen wir mal zu einem anderen in der brasilianischen Musik häufig zu hörendem Instrument: dem Triangel. Ja, richtig gehört: Triangel, das silberne Ding mit dem Fädchen dran, das niemand spielen möchte und dessen Ton uns in den Ohren klingelt. In einigen brasilianischen Musikstilen wie im Forró (→ S. 58) ist der Triangel ein wichtiges Instrument und es macht richtig Spaß, ihn zu spielen. Probiert es mal selbst!

In der unten gezeigten Spielweise wird der Triangel mit der linken Hand gehalten, und zwar nicht am Bändchen, sondern direkt am Metall. Die linke Hand hat die Handhaltung, als würde sie jemandem zur Begrüßung entgegengestreckt werden.

Den Triangel auf den Zeigefinger legen. Jetzt schließen sich die Finger um das Metall. Die rechte Hand hält den Schlägel und schlägt damit an das Metall. Durch das Öffnen und Schließen der linken Hand werden Tonunterschiede erzeugt. Es entsteht also ein geschlossener und ein offener Ton. Auf diese Weise wird die erste notierte Linie gespielt.

Für die zweite Linie den Triangel weiterhin mit der linken Hand wie oben beschrieben halten. Der Schlägel wandert in die untere rechte Ecke. Hier wird er mit der rechten Hand in gleichmäßigen Achteln hoch und runter innen von Wand zu Wand geführt. Bei den ersten zwei Achteln bleibt die Hand geschlossen, bei den Nächsten zwei öffnet sich die Hand. So entsteht ein durchgängiger Achtel-Beat mit Off-Beat-Akzenten. Auf diese Weise wird der Triangel auch in den brasilianischen Rhythmen gespielt.

Für die dritte notierte Stimme kann der Triangel wieder außen angeschlagen werden.

Triangel-Trio

Alter: ab 6 Jahren
Material: Triangeln in verschiedenen Größen mit dazu gehörenden Schlägeln (sind keine Schlägel vorhanden, ersatzweise Schraubenzieher)

Forró

Forró *ist ein weiterer brasilianischer Musik- und Tanzstil, und da spielt der Triangel eine wichtige Rolle, z. B. im Baião, einem Rhythmus im Forró. Die Basstrommel heißt hier Zabumba und das Pandeiro (ein mit Fell bespann-ter Schellenring) ist mit dabei. Die Harmonien kommen vorwiegend von Gitarre und Akkordeon. Forró nennt man auch die ganze Veranstaltung, bei der Forró gespielt und getanzt wird. Forró ist ein Paartanz, bei dem die Tänzer ganz nah zusammen tanzen, so wie beim Lambada, der aus dem Forró entstanden ist. Also los! Sucht euch einen Partner oder eine Partnerin und schwingt euch aufs Tanzparkett!*

YouTube:
Baião, Luiz Gonzaga, Gilberto Gil, Baião Brasil y el Forró, Michael Teló, Asa branca

Baião

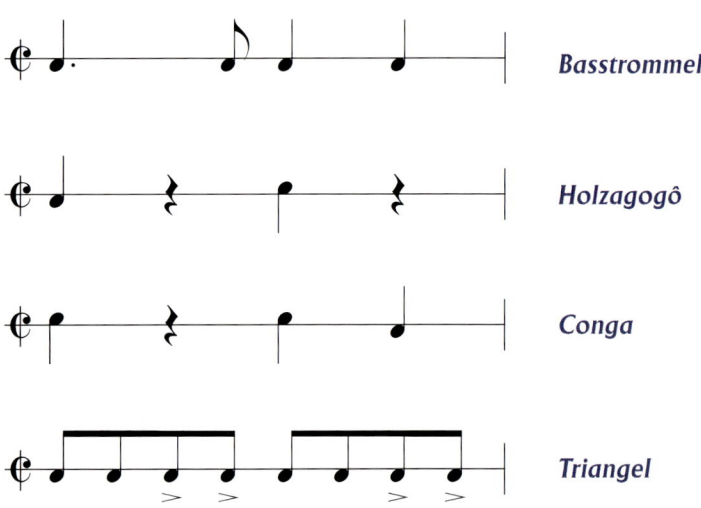

Hinweise
- Der Rhythmus und das folgende Lied (→ S. 59) kann mit dem Triangel-Trio (→ S. 57) einge-leitet werden.
- Eine Tanzanleitung zu diesem Lied findet sich im Kapitel „Dança" auf S. 87

Ciranda, Cirandinha

Der Ciranda ist ein Rundtanz (Tanzanleitung auf S. 87)

Text: trad./ M. F. Hohberger | **Musik:** trad./ Bearb.: M. F. Hohberger / R. Kiwit

Ci - ran - da, ci - ran - din - ha va - mos to - dos ci - ran - dar. Ci -

ran - da, ci - ran - din - ha va - mos to - dos ci - ran - dar. Va - mos

dar a mei - a vol - ta, vol - ta mei - a, va - mos dar. Ci -

ran - da, ci - ran - din - ha va - mos to - dos, ci - ran - dar.

2. Ciranda, cirandinha,
hey, komm, nimm mich an die Hand!
Im großen Kreis gehts rechts rum,
dann zurück bis in den Stand.
Und dann such ich einen Partner,
mit dem ich jetzt tanzen kann.
Wir schwingen unsere Hüften
und dann fängt`s von vorne an.

Funk

Rio Funk, Baile Funk oder Funk Carioca ist brasilianischer Hip Hop und sehr beliebte Musik in und aus den Favelas. Funky Beats vermischen sich mit brasilianischer Musik und Elektrosounds, die Raptexte erzählen aus dem Leben der Favelas. Es gibt große Funkpartys, auf denen heiß getanzt wird.

Hier sind vier verschiedene einfache Funk-Rhythmen notiert.

Die Notensymbole werden von den tieferen Instrumenten (Surdos, Timba-Bässen) gespielt, die Kreuzsymbole von den höheren (Snares, Repis). Die Shaker spielen einen durchgängigen Achtelrhythmus.

Die Surdospieler können die Kreuznoten auch zusätzlich in schöner Pose „klatschen". Hierbei halten sie die Schlägel über den Kopf und klicken sie aneinander.

Funky Beats

Alter: ab 5 Jahren
Material: Percussioninstrumente (wenn vorhanden, im Original, sonst aus „Instrumente kreativ" (➜ S. 30 f.): Surdos, Caixa, Repinique, Timba, verschiedenste Shaker

Hinweise

Mit den Funky Beats werden die Strophen des nächsten Liedes begleitet.

Der Refrain kann mit Samba (➜ S. 39) oder Samba-Reggae (➜ S. 46) begleitet werden.

Yeah! Funky, funky! Und hier kommt noch ein schöner Rap dazu! Viel Spaß beim Singen, Tanzen und Posen. Boa Sorte! (Viel Glück!)

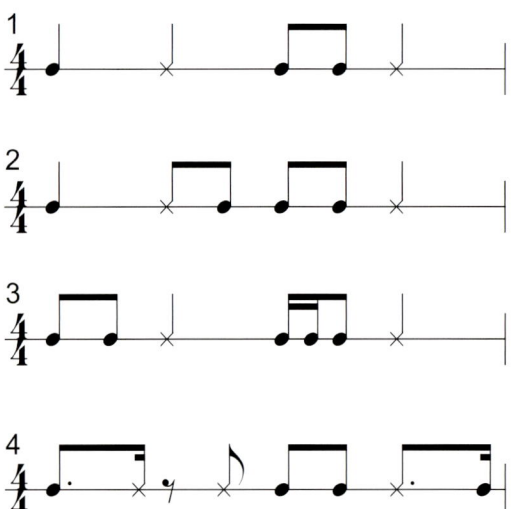

Zum Glück ...

Text: M. F. Hohberger | **Musik:** M. F. Hohberger / R. Kiwit

Strophe als Sprechgesang (Rap), Refrain gesungen

Refrain

Zum al-ler größ-ten Glück bin ich da mit-ten-drin, mit all mei-nen Sin-nen, ein-fach so wie ich bin.

Rie-chen, hö-ren, tas-ten, se-hen und mal ganz laut schrein, das größ-te Glück der Welt heißt: Le-ben-dig sein!

1. Zum Glück gibt die Kuh Milch oder auch Kakao?
Zum Glück ist auch der Himmel öfter einmal blau.
Zum Glück gibt's rote Rosen und schönes grünes Gras,
Kaugummi in Dosen und weiß der Fuchs noch was.

Zum Glück gibt's bunte Wiesen und den Schmetterling.
Zum Glück gibt's keine Riesen, sonst wär ich ein kleines Ding.
Zum Glück gibt's dicke Schweine mit Borsten auf der Haut,
Hunde an der Leine, damit sie keiner klaut.

Refrain:
Und zum allergrößten Glück …

2. Zum Glück seh ich die Wolken und rieche auch mal was.
Zum Glück mag ich Orangen und hör den Kontrabass.
Zum Glück gibt's bunte Nudeln mit Soße und Salat
und Achtung – guck mal: Ich kann auch Spagat!

Zum Glück hat der Wald Bäume, der Himmel einen Stern.
Zum Glück habe ich Träume, nicht alle mag ich gern.
Zum Glück wird's auch mal dunkel in der tiefen Nacht.
Silvester gibt's ein Feuerwerk, das es nur so kracht!

Refrain:
Und zum allergrößten Glück …

An dieser Stelle muss ich euch endlich meine Lieblingsgeschichte aus Salvador erzählen, die Geschichte mit den Glücksbändchen, den Fitinhas. Fitinhas sind leichte Stoffbändchen, die in Salvador überall zu sehen sind. Es gibt sie in jedem Laden, in jedem Hoteleineingang, und sie werden häufig von Kindern zum Kauf angeboten. Auf dem Bändchen ist zu lesen: „Lembrança do Senhor do bonfim", das heißt „In Erinnerung an den heiligen Bonfim". Ihm zu Ehren gibt es jedes Jahr im Januar ein großes Fest mit einem langen Straßenumzug, der an der Kirche Senhor do Bonfim endet. Die ganze Kirche ist mit Bändchen in allen Farben geschmückt. Die Menschen kommen und knoten die Bändchen überall an, traditionell mit drei Knoten. Pro Knoten hat man einen Wunsch frei.

Sehr viele Menschen tragen die Fitinhas als Glücksbänder an den Handgelenken. Von einem Freund /einer Freundin lässt man es sich anbinden. Bei jedem Knoten wünscht man sich etwas, was natürlich nicht verraten wird. Die Geschichte in Salvador sagt, dass die Wünsche in Erfüllung gegangen sind, wenn das Bändchen abgefallen ist.

Fithinas-Glücksbändchen in Salvador da Bahia

Glücksbändchen

Ganz einfach gemacht, nach der Vorlage der leichten Stoffbändchen, der Fitinhas Salvadors.

Alter: ab 4 Jahren
Material: Baumwollstoff; Textilfarbe; Gefäße; Zackenschere

Die Spielleitung rührt in verschiedenen Gefäßen Textil-/Batikfarbe nach Packungsanweisung an und stellt sie bereit.

Die Kinder schneiden mit Hilfestellung mit der Zackenschere ca. 40 cm lange und 1 cm breite Bändchen vom Baumwollstoff zu (das ist die Originalgröße, es kann auch breiter geschnitten werden).

Diese können jetzt ein- oder mehrfarbig gefärbt werden. Die Kinder tauchen die Bändchen in die vorbereiteten Farbgefäße und hängen sie danach zum Trocknen auf.

Vielleicht möchten einige Kinder ihr Bändchen jemandem Bestimmten widmen? Mit einem Textilstift kann eine Widmung, ein Name oder ein „Glück"-Wunsch auf das Band geschrieben werden.

Je nach Situation sucht sich das Kind dazu mit dem gewählten Partnerkind einen ruhigen Ort, visualisiert genau seinen Wunsch und denkt ganz fest daran, während das Partnerkind den ersten Knoten verschließt. Drei Knoten sollen es sein.

Hinweis

Die Bändchen können gesammelt werden und z. B. zu einem bestimmten Anlass verteilt werden. Vielleicht am Eingang zur Festa brasileira als „Glück"-Wunsch (→ S. 119) oder vor dem nächsten Fußballspiel?

Dança — Tanz

Dieses Kapitel stellt die beliebtesten Tänze Brasiliens vor. Von ersten Schrittfolgen im Samba, über Improvisationen in rituellen Geschichten bis zum Kennenlernen der wichtigsten Grundfiguren im Capoeira bietet es unterschiedlichste rhythmische Bewegungsformen.

Capoeira, Tanz & Akrobatik

In Brasilien haben die Menschen Spaß an der Bewegung und Spaß am sich Zeigen. Es wird ausgelassen getanzt und gefeiert, und dafür gibt es jede Menge Gelegenheit. Ob bei Straßenfesten, kleinen Rodas und Konzerten oder bei den großen Festen mit viel Musik und langen Straßenumzügen, beim Capoeira oder einfach nur am Strand: Stolz und selbstbewusst wird der Körper bewegt und gezeigt.

Alles liegt in der Luft: Musik und Capoeira, Tanz, Bewegung, Rhythmus, Charme und Ginga. Und auch das einfache Laufen am Strand oder auf der Straße hat Ginga!

Und wenn ich hier durch die Luft fliege, tue ich das bestimmt auch ein bisschen anders als die Spatzen bei euch auf den Dächern, irgendwie ein bisschen mehr so aus der Hüfte!

Samba-Tanz

*Auch der Samba-Tanz (hier ist nicht der Paartanz gemeint, sondern der Samba, den z.B. die Tänze-
rinnen während des Karnevals in Rio tanzen), hat seinen Ursprung im Candomblé. Bezeichnend sind
die schnellen Fußbewegungen, die bewegliche Hüfte, die weichen Knie und die aufrechte Haltung.
Hier ein paar Warm up's, Schrittfolgen und wichtige Bewegungsmuster.*

Hören & Bewegen

Alter: ab 4 Jahren
Material: CD-Player; Sambamusik
(unterschiedliche Tempi, mal langsam, mal
schnell)

Die Kinder stehen verteilt im Raum. Die Spielleitung startet die Musik.
Jetzt beginnt sie verschiedene rhythmische Bewegungen vorzumachen, die Kinder machen
nach. Es beginnt mit einfachen Schritten auf der
Stelle.
Rechts, links, rechts, links im Rhythmus. Hören!!
Dann mal die Arme in die Luft und rechts, links,
rechts, links …. die Hüften … rechts, links

Erste Fußschritte: rechts-ran, rechts-ran, links-ran,
links-ran, (rechter Fuß macht einen Schritt nach
rechts, der linke Fuß zieht nach und umgekehrt).
Dann die Ellenbogen anwinkeln und „Enten-
tanzbewegung". Alles ist erlaubt, Hauptsache
es ist im Rhythmus. Zwischendurch immer wieder HÖREN und sich in ein neues Musikstück
einfühlen!!!
Nach einer Weile übernimmt ein Kind die Position des „Vortänzers". Die Spielleitung erinnert
immer wieder ans Hören und unterstützt die Kinder auf der Suche nach neuen abwechslungsrei-
chen Bewegungen.

Was ich alles bewegen kann

Was ich alles bewegen kann

Alter: ab 5 Jahren
Material: CD-Player; Sambamusik (moderates Tempo)

Alle Kinder stehen verteilt im Raum, mit beiden Beinen gut geerdet. Jedes Kind hat genug Platz für große Bewegungen. Die Kinder stehen zunächst still und bewegungslos.
Die Spielleitung startet die Musik und gibt verschiedene Anweisungen. Dazwischen lässt sie genügend Zeit für die Umsetzung.
„Wir bewegen unsere Fingerspitzen. ••• Nur die Fingerspitzen, der restliche Körper ist still. ••• Jetzt kommen die Handgelenke dazu. ••• Die Fingerspitzen bleiben weiter in Bewegung ••• Es folgen die Ellenbogen und die Oberarme. •••Jetzt kommen die Schultern dazu. ••• Was machen die Fingerspitzen? Sind sie noch in Bewegung? ••• Es folgt der Oberkörper. •••Jetzt der Bauch, die Hüfte und der Po. ••• Alles dreht und windet sich. ••• Was machen die Finger?? Die Handgelenke? •••Jetzt kommen die Beine und die Knie dazu. ••• Und die Füße. ••• Ihr könnt euch jetzt durch den ganzen Raum bewegen. ••• Zum Schluss kommt noch der Kopf dazu. ••• Hört die Musik und bewegt euern ganzen Körper."
Die Kinder bewegen sich auf diese Weise eine Weile zur Musik durch den Raum und nehmen die Bewegungen der einzelnen Körperteile wahr. Die Spielleitung unterstützt diese Wahrnehmung, indem sie zwischendurch immer wieder an einzelne Körperteile erinnert.
Nach einer Weile stoppen die Bewegungen in umgekehrter Reihenfolge:
„Als Erstes hört der Kopf auf sich zu bewegen, dann bleiben die Füße stehen. ••• Knie und Beine stoppen, dann die Hüfte, der Po. ••• Der Oberkörper kommt zur Ruhe, die Arme werden still. ••• Die Handgelenke hören auf, sich zu bewe-

gen. ••• Nur die Finger bewegen sich noch eine Weile. Sonst ist alles still. ••• Und am Ende stehen auch die Finger still."
Die Kinder spüren nach.

Gummiknie und Wackelpo

Sambatänzer haben ganz bewegliche Knie und können wunderschön mit dem Po wackeln. Das wird jetzt geübt!

Alter: ab 4 Jahren
Material: CD-Player; Sambamusik (schnelles Tempo)

Alle Kinder stehen im Raum verteilt. Die Spielleitung startet die Musik und alle Kinder bewegen sich frei zur Musik tanzend durch den Raum. Wenn die Musik stoppt, ruft die Spielleitung entweder „Gummiknie!" oder „Wackelpo!" Bei „Gummiknie!" bewegen sich alle Kinder so, als wären ihre Knie aus Gummi. Wenn sich die Kinder dabei noch auf die Zehenspitzen stellen, können ihre Knie richtig schön „schlottern".
Nach einer Weile stellt die Spielleitung die Musik wieder an und alle Kinder tanzen wieder frei durch den Raum. Hören nicht vergessen!
Dann stoppt die Musik und die Spielleitung ruft „Wackelpo!" Jetzt stehen alle Kinder auf Zehenspitzen, strecken den Po nach hinten und lassen ihn richtig schön wackeln. Die Füße machen dabei kleine schnelle Schritte auf der Stelle. Die Arme sind dabei wie Flügel nach rechts und links ausgestreckt.
In der nächsten Runde stehen alle Kinder im Kreis und tanzen zur Musik auf der Stelle. Immer zwei Kinder kommen in den Kreis und zeigen leidenschaftlich und unter anfeuerndem Mitklatschen der Kreistänzer ihren „Wackelpo" und ihre „Schlotterknie". Was für ein Spaß!

Schwingende Hüfte

Alter: ab 4 Jahren
Material: CD-Player; Sambamusik (moderates Tempo)

Alle Kinder stehen verteilt im Raum. Sie haben die Hände in der Hüfte.
Jetzt bewegen sie die Hüfte im Rhythmus der Musik. Nach rechts, nach links, nach rechts, nach links. Sie bleiben dabei auf der Stelle stehen. Geht die Hüfte nach rechts, stellt sich auch der rechte Fuß auf die Zehenspitze und das Knie wird „weich". So kommt ein schöner Hüftschwung zustande.
Dann wird die Hüfte im Kreis gedreht. Rechts herum, links herum. Als Nächstes wird im Tempo der Musik die Hüfte nach rechts, links, rechts, links geschwungen und dann einmal gekreist. Das Kreisen folgt im halben Tempo der Musik, also sinnlich langsam kreisen. Dann wieder tschak-rechts, tschak-links, tschak-rechts, tschak-links und kreeeiiisen …
Dann machen die Kinder die gleiche Bewegung in Fortbewegung, d.h., sie laufen mit dem Hüftschwung durch den Raum und bleiben beim Kreisen stehen. Der Oberkörper ist ruhig und gerade. Fühlt, wie groß ihr seid, wenn ihr so aufrecht geht.
In der nächsten Bewegung gehen die Arme hoch in die Luft. Sie winken nach rechts, nach links, nach rechts, nach links. Die Hüfte geht jedes Mal mit: tschak-rechts, tschak-links, tschak-rechts, tschak-links und kreeeiiisen …

Beinarbeit

Alter: ab 6 Jahren
Material: CD-Player; Sambamusik (langsam)

Der Grundschritt beim Samba hat diese Schrittfolge:

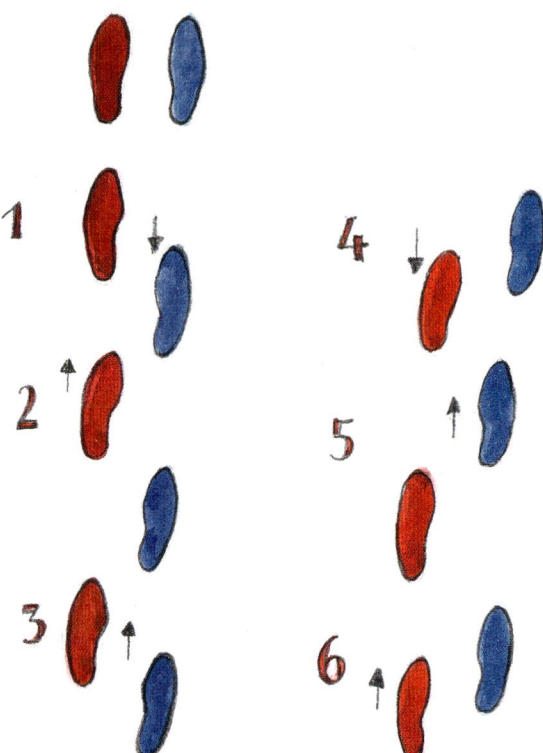

Ausgangsposition ist, dass beide Füße nebeneinanderstehen. Der Körper ist locker. Der erste Schritt geht jetzt mit dem rechten Fuß nach hinten. Der rechte Fuß „landet" in halber Höhe der Position des linken Fußes. Daraufhin setzt der linke Fuß als Nächstes einen kleinen Schritt vor, der rechte folgt mit einem kleinen Schritt, sodass er wieder auf „halber Höhe" mit dem linken Fuß steht. Jetzt geht der linke Fuß zurück. Er stellt sich hinter den rechten, der geht vor, der linke Fuß zieht nach.
Diese Schritte ganz langsam und dann immer schneller probieren. Weiche Knie und schwingende Hüfte nicht vergessen!
Der Oberkörper bleibt ruhig, die Arme sind locker angewinkelt und schwingen vor dem Körper parallel zur Fußstellung mit: Ist der rechte Fuß hinten, ist der rechte Arm vorne vor dem Körper und umgekehrt.

YouTube:

Samba Tanz, Samba lessons, Samba Dance …

Samba-Reggae Moves

In Salvador da Bahia gibt es große Tanzformationen, die zu den Rhythmen der Blocos Afros tanzen. Viele der Bewegungen haben ihren Ursprung in Afrika, im Candomblé und häufig auch damit verbundene Bedeutungen. Wenn bei den Konzerten der Bloco Afros in Salvador die Musik startet, dauert es nicht lange, bis sich eine größere Gruppe formiert, die gemeinsam Choreographien tanzt. Hier gibt es häufig Vortänzer, die die Stimmung anheizen und deren Bewegungen das Publikum folgt.

Tanzspiel

Alter: ab 4 Jahren
Material: CD-Player; MBP (moderne brasilianische Popmusik)

In diese Tänze können alle ab S. 65 beschriebenen Übungen und Bewegungen einfließen und natürlich auch neue entstehen. Die Kinder stellen sich in mehreren Reihen gut verteilt im Raum auf. Ein Kind wird zum Vortänzer ernannt, die Spielleitung stellt die Musik an und los geht's! Das „Vortänzer"-Kind probiert seinen Tanz so abwechslungsreich wie möglich zu gestalten. Hier können alle Kinder mittanzen, jeder so, wie er oder sie kann.

Samba Reggae Moves

Samba-Reggae-Choreographie

Alter: ab 6 Jahren
Material: CD-Player; Samba-Reggae Musik

In diesem Schritt wird mithilfe der Spielleitung eine Choreographie zu einem ausgewählten Musikstück erarbeitet. 16 Takte eines Musikstückes können z. B. so gestaltet werden:

Takte 1–2:
1 2 3 4
Schritt rechts, linker Fuß ran, Schritt rechts, linker Fuß ran
Schritt links, rechter Fuß ran, Schritt links, rechter Fuß ran

Die Arme sind dabei angewinkelt, Ellenbogen nach außen, die Fingerspitzen berühren sich vor der Brust, dabei zeigen die Handaußenflächen nach oben.
Bei jedem ersten Schritt öffnen sich die Hände, die Ellenbogen ziehen nach hinten und die Brust schiebt sich nach vorn.
Beim zweiten Schritt schließen sich die Hände wieder vor der Brust.

Takte 3–4
Wiederholung der Takte 1–2

Takte 5–6
Die Schritte sind die gleichen wie in den Takten 1–4.
Diesmal öffnen sich bei jedem ersten Schritt die Arme diagonal zur Körperachse, d. h., die rechte Hand zeigt zum Himmel, die linke zum Boden. Beim zweiten Schritt schießen sich die Hände wieder. Der Blick folgt der Hand, die in den Himmel zeigt.

Takte 7–8
Wiederholung der Takte 5–6

Takte 9–10
1 2
Schritt rechts, linker Fuß ran,
3 4
Drehung um 90° auf dem rechten Fuß, der linke Fuß setzt nach der Wende auf, links ran.
Das Ganze nochmal, dann steht der Tänzer wieder in Ausgangsposition.

Takte 11–12
Wiederholung der Takte 9–10

Takte 13–14

Hände in die Hüften und zweimal rechts herum kreisen.

Arme in die Luft ausstrecken und mit langen Armen winken: rechts-tschak, links-tschak

Takte 15–16

Wiederholung der Takte 13–14

Weitere beliebte Moves (Bewegungen):

- Die Tänzer stehen auf der Stelle, Füße parallel zueinander auf dem Boden. Im Rhythmus macht der rechte Fuß einen Schritt nach vorn, parallel dazu den rechten Arm nach vorn strecken, dann den linken Fuß nach vorn und parallel den linken Arm nach vorn. Beide Füße stehen jetzt parallel und beide Arme zeigen nach vorne. In dieser Position zwei Sprünge nach hinten tanzen. Und wieder von vorne.

- Die Tänzer stehen in Schrittstellung. Die Arme sind gerade nach vorne ausgestreckt. Im Rhythmus der Musik bewegen sich die Beine im „Hopserschritt", die Arme gehen in der geraden ausgestreckten Haltung hoch und runter.

- Die Hüfte kreist rechts herum, und gleichzeitig beschreibt der rechte Arm mit ausgestrecktem Zeigefinger einen Kreis in der Luft. Die linke Hand ist an der linken Hüftseite.

- Die Tänzer stehen in Schrittstellung, die Arme sind nach rechts und links ausgestreckt. Der Oberkörper bewegt sich leicht vor und zurück und dabei schüttelt sich der Brustbereich.

- Die Tänzer stehen in Schrittstellung, der rechte Arm zeigt in die Höhe, die linke Hand ist in der Hüfte. Im Rhythmus der Musik kreist jetzt die Hüfte. Dabei gehen die Tänzer runter in die Hocke.

Dança

Tänze der Orixás

Hier wird nun eine Inszenierung mit Trommel, Gesang und Tanz als Rollenspiel, das viel Raum für Improvisation und Ausdruck lässt, vorgestellt. In den Rollen der Göttinnen von Oxum und Yemanjá lernen die Kinder, unterstützt durch das Kostüm, sich gefühlvoll auszudrücken, groß, kraftvoll und raumeinnehmend.

Kostüme

Alter: ab 4 Jahren
Material: weite lange Röcke; goldene Krone; gelbes oder goldenes Tuch (ca. 1 m × 1 m); Handspiegel; üppiger Schmuck

Die Tänzerinnen verkleiden sich in den Farben der Göttin Oxum: Gelb / Gold und Weiß. Sie tragen z. B. ein weißes Oberteil, weite, weiße, üppige Röcke und darüber ein gelbes, weites, leichtes Tuch, dass über der Brust zusammengebunden wird. Sie schmücken sich mit langen Perlenketten (→ S. 91) und setzen die goldene Krone auf.

Tanz der Götter

Inszenierung mit Mamae Oxum (➔ S. 52)

Die Sänger- und Trommelkinder (➔ S. 51–53) sowie das Wasserorchester von S. 18 stehen im Halbkreis auf der Bühne.

Es ist still. Das Wasserorchester beginnt. Es blubbert und rauscht. Der Rhythmus setzt ein. Die SängerInnen beginnen ihr Lied zu singen. Sie singen es einmal durch.

Dann folgt ein Trommelsolo und das Lied beginnt von vorn. Jetzt im zweiten Durchlauf kommt langsam und mit kleinen Schritten tanzend die Tänzerin Oxum auf die Bühne. Sie zeigt sich allen stolz und anmutig. Wenn sie sich dreht, schwingen die Röcke um sie herum und unterstützen jede Bewegung. Sie breitet dabei die Arme aus, schaut immer mal wieder in den Spiegel, alles, solange das Lied gesungen wird.

Während des Trommelsolos, während der Rhythmus auch pulsierender wird, tanzt sie ausgelassen und lebendig. Vom obersten Rock fasst sie jeweils mit einer Hand eine Spitze des Stoffes und kann jetzt aktiv ihre Bewegungen durch das Schwingen des Rockes unterstützen. Zwischendurch fällt sie auf die Knie, und nur der Oberkörper und die Arme bewegen sich in alle möglichen Richtungen. Sie tanzt eine Weile ausgelassen zum Trommelsolo. Dann beginnen die SängerInnen wieder das Lied zu singen. Ihre Bewegungen beruhigen sich. Gibt es mehrere Tänzerinnen, so kommt jetzt die Nächste an die Reihe.

Beim letzten Lieddurchlauf verlassen die Tänzerinnen wieder die Bühne. Der Rhythmus stoppt und übrig bleibt nur noch einen Moment das Wasserrauschen.

Hinweis

Auf diese Weise kann auch eine Inszenierung mit Yemanjá, der Meeresgöttin gespielt werden. Ihre Farben sind Weiß, Blau und Silber, und sie hält einen Fächer in der Hand.

Wasserblütenschalen

Blumen spielen bei einigen Ritualen und Festen eine große Rolle. Manchmal tragen Frauen beim Tanz Vasen mit Blumen auf dem Kopf, später werden diese in die Mitte gestellt und drumherum getanzt. Beim Fest von Yemanjá werden Unmengen Blumen gebracht und in Booten auf das Meer hinausgefahren.

Alter: ab 4 Jahren
Material: große Glasschalen, mit Wasser gefüllt; Blumen

Die Spielleitung pflückt gemeinsam mit den Kindern Blumen in der Natur oder geht mit ihnen zum nächsten Wochenmarkt. Kurz vor Marktschluss gibt es da evtl. einige Blumen geschenkt. Die Kinder gestalten Blütenbilder in den großen Wasserschalen oder stellen Sträuße für Vasen zusammen, die die Bühne schmücken oder zur Deko beim Fest genutzt werden.

Maculelê

Maculelê ist ein afrobrasilianischer Tanz mit Stöcken. Jeder Spieler hat zwei ca. 50 cm lange Stöcke in der Hand, die durch Aneinanderklicken oder auf den Boden schlagen rhythmisch ins Spiel mit einbezogen werden.

Alter: ab 5 Jahren (bis Punkt 4), danach ab 7 Jahren
Material: Stöcke (Durchmesser ca. wie ein Besenstiel, Länge 40–50 cm); Trommeln oder Trommelmusik; CD-Player

Wenn möglich, kann der auf S. 73 notierte Rhythmus von Trommlern live gespielt werden. Alternativ legt die Spielleitung eine rhythmische Musik ein.
Alle Kinder stehen im Kreis und haben in jeder Hand einen Stock.
Mithilfe der Spielleitung werden zunächst folgende Übungen zur Musik gemacht, die dann auch Teile der Choreographie werden:

Übungen

1. Alle Kinder schlagen mit ihren Stöcken den Beat (alle Viertel) rhythmisch zur Musik.
2. Alle Kinder stampfen den Beat (alle Viertel) rhythmisch zur Musik. Die Spielleitung zählt ein, und es wird immer mit dem rechten Fuß gestartet. Rechts, links, rechts, links …
3. Alle Kinder stampfen den Beat mit den Füßen und schlagen gleichzeitig die Stöcke dazu. Die Spielleitung zählt ein.
4. Alle Kinder laufen den Beat stampfend und mit den Stöcken schlagend rhythmisch im Kreis.
5. Alle Kinder stehen im Kreis, stampfen den Beat und schlagen ihre Stöcke nur auf den Zählzeiten 4 und 1 aneinander.
6. Alle Kinder laufen den Beat stampfend durch den Raum, schlagen weiterhin die 4 und die 1 mit ihren Stöcken, die 4 wird allerdings dieses Mal mit den Stöcken auf den Boden geschlagen, die 1 weiterhin mit den Stöcken aneinander.
7. Die Kinder schlagen die Zählzeiten 4 und 1 und drehen sich in der Zwischenzeit, ohne den Beat zu verlieren.
8. Die Kinder schlagen die Zählzeiten 4 und 1 und hüpfen in der Zwischenzeit auf einem Bein im Takt.
9. Die Kinder bilden Paare. Sie tanzen rhythmisch zu zweit, haben weiterhin den Beat in den Füßen und lassen ihr Gegenüber nicht aus den Augen.
10. Auch im „Paartanz" schlagen die Kinder wieder die Stäbe auf den Zählzeiten 4 und 1 aneinander.
11. Im nächsten Schritt bleibt alles wie in Punkt 10, aber jedes zweite Mal werden die Stöcke auf der Zählzeit 4 und 1 mit denen des Tanzpartners aneinandergeschlagen, auf der nächsten 4 und 1 wieder nur die eigenen Stöcke, dann wieder mit denen des Tanzpartners. Die Füße bleiben im Beat und der ganze Körper bewegt sich zur Musik. Es sind Drehungen und alle Arten von Bewegung zwischen den Stabschlägen erlaubt. Die Kinder sollten aber immer rechtzeitig für ihre Schläge wieder „am Start" sein.

Hinweise

- **Vorsicht beim Umgang mit den Stöcken!**
- Während der Übungsstunden ist es gut, wenn sich ein Kreis um die in der Mitte agierenden Tänzer bildet, so ist die gemeinsame Kraft des Rhythmus besser spürbar. Für eine Aufführung muss der Kreis zu einem Halbkreis geöffnet werden.

Maculelê-Rhythmus

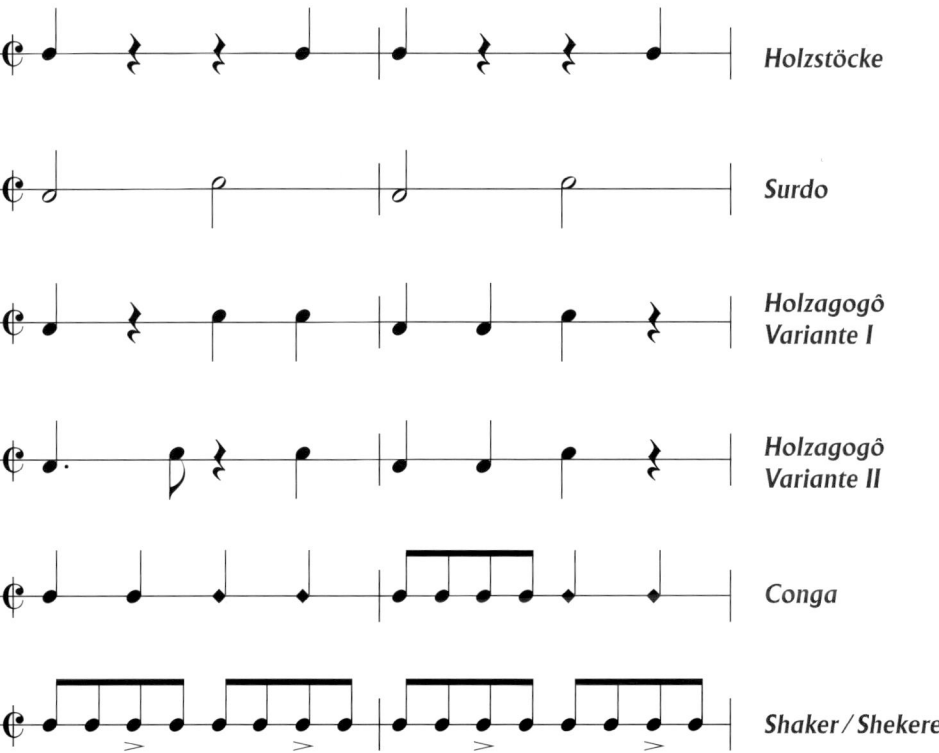

Wir tanzen Maculelê

Text: M. F. Hohberger | **Musik:** M. F. Hohberger / R. Kiwit

Wir tan - zen Ma - cu - le - lê! Ye, ye, Ma - cu - le - lê!

Wir tan - zen Ma - cu - le - lê! Ye, ye, Ma - cu - le - lê!

Komm in un - sern Kreis hi - nein, tanz mit Stock auf ei - nem Bein.

Ye, ye, Ma - cu - le - lê! Ye, ye, Ma - cu - le - lê!

Vorsänger:
2. Komm in unsern Kreis hinein,
tanz mit dem Stock auf einem Bein!

Chor:
Yé, yé, Maculelê!
Yé, yé, Maculelê!

Vorsänger:
3. Komm in unsern Kreis hinein,
mach dich groß und mach dich klein!

Chor:
Yé, yé, Maculelê!
Yé, yé, Maculelê!

Vorsänger:
4. Komm in unsern Kreis hinein,
tanz zu zweit und nicht allein!

Maculelê-Choreographie

Alter: ab 4 Jahren (die Kinder können sich hier gut ihren Fähigkeiten entsprechend einbringen)
Material: Instrumente wie in den Rhythmusnoten notiert oder CD; CD Player

Die Kinder bilden eine **Tänzergruppe,** eine **Rhythmusgruppe** und eine **Sängergruppe.**
Die Rhythmus- und die Sängergruppe bilden einen Halbkreis.
Es wird folgendes Intro gespielt: Die Spielleitung zählt ein und die Rhythmusgruppe klatscht auf den Zählzeiten 4 und 1. Die Sänger singen das notierte Lied dazu. Ein Vorsänger singt vor und der Chor antwortet.
Erst nachdem das Lied einmal gesungen wurde, starten die Trommler mit ihrem Rhythmus. Jetzt kommt das erste Tanzpaar mit seinen Stöcken und zeigt seinen Tanz bestehend aus Bewegungen der Übungen 1–11 (➜ S. 72) und weiterer freien Improvisationen.
Die Trommler spielen ihren Rhythmus für die Tänzer und geben ihnen damit Energie. Auch die Sänger sind mit der Aufmerksamkeit bei den Tänzern und klatschen den Beat oder die Zählzeiten 4 und 1.
Nach einer Weile beginnt der Vorsänger wieder das Lied zu singen. Der Chor antwortet. Die beiden Tänzer verabschieden sich und nach dem Lied kommt das nächste Tanzpaar in den Halbkreis.

Kostüme

In modernen Versionen tragen die Maculelê-Tänzer Capoeira-Hosen, häufig in Weiß. In traditionelleren und folkloristischen Zusammenhängen tragen sie noch eine Art Baströckchen. Bei den Drehungen im Tanz schwingt der wunderbar mit. Auch die Männer tragen bei diesen Tänzen Röcke!

Alter: ab 4 Jahren
Material: pro Rock 2 Bündel Bast; Maßband; breites Gummiband, elastischer Bündchenstoff oder schmaler Hosengürtel; weiße, weite Hosen; Jungs: freier Oberkörper; Mädchen: weißes Top

Das Gummiband auf die Hüftbreite der Kinder zuschneiden.
Den Bast in Streifen schneiden. Für einen Rock in 50 cm Länge vom Bast 1 m lange Stücke abschneiden.
Die Baststreifen dicht an dicht an das Gummiband knoten. Zur Erleichterung der Arbeit das Gummiband z. B. lose zwischen zwei Stuhllehnen spannen. So können die Kinder die 1 m langen Bänder so über das Gummiband legen, das jeweils 50 cm an jeder Seite herunterhängen.
Den Knoten eng am Gummiband setzen. Wahlweise den Bast an schmale Hosengürtel oder elastische Stoffstreifen knoten.

Hinweis
Fertige Basträcke können sehr günstig (ab 2–5 €) bei Kostümversandhäusern im Internet erworben werden.

Capoeira

Capoeira ist ein Kampftanz, den die afrikanischen Sklaven während der Zeit ihrer Unterdrückung entwickelt haben. Sie mussten sich starkmachen, um sich verteidigen zu können. Da ihre Herren ihnen aber das Kämpfen verboten hatten, tarnten sie es als Tanz und übten so versteckt eine Kampfkunst. Heutzutage ist Capoeira eine Sportart, die Kampf, Tanz, Spiel und Akrobatik miteinander verbindet. Bewegung und Spiel sind unmittelbar mit der Musik und der Philosophie verbunden. Ein guter Capoeirista – so nennt man diese Tänzer – beherrscht auch die Instrumente und Lieder und beschäftigt sich mit der Philosophie der Capoeira.

Manchmal sitze ich in Salvador da Bahia am Mercado modelo, einem beliebten Capoeira-Treffpunkt unterm Dach. Von hier aus klatsche ich begeistert im Takt der Musik mit und schaue den Capoeiristas zu. Da sehe ich sich schnell drehende Körper, immer dem Anderen ausweichend und gleich wieder angreifend, hier fliegt ein Bein hoch, da eine schnelle Drehung, jetzt ein Handstand, ein Salto und gleich ein Radschlag. Wahnsinn! Es spielen immer zwei Leute. Die anderen stehen im Kreis drumherum, in der sogenannten Roda, und machen Musik oder klatschen und singen. Die Musiker spielen auf Berimbaus, Agogôs, Pandeiros und Atabaque, einer Art Conga.

Regeln für die Capoeira gibt es in dem Sinne nicht. Sie besteht aus den unterschiedlichen Bewegungssequenzen und alles Weitere beruht auf Bewegungsimprovisation und Körpersprache. Der Tanz erfordert hohe Aufmerksamkeit und Konzentration, Geschwindigkeit und Taktik. Es gibt keine Körperberührung zwischen den Spielern. Es ist nicht aggressiv, und es gilt, jede Verletzung zu vermeiden.

Möchte man Capoeira richtig lernen, sollte man bei einem „Mestre"- bei einem Lehrer und Meister – in den Unterricht gehen. Aber dafür könnt ihr euch jetzt hier schon mal warm und geschmeidig machen und die ersten Capoeira-Figuren ausprobieren.

Capoeiristas am Mercado Modelo / Salvador

Warm up's für Capoeira

Zum Aufwärmen eignen sich verschiedenste Balanceübungen, Drehungen, Rollen, Sprünge, Sprünge über Hindernisse, Radschlagen, Reaktionsspiele, Übungen aus Rhythmik und Tanz bzw. aus dem Kinderturnen. Mit den hier vorgestellten Tänzen kann man sich auch sehr gut warm tanzen. Alle Übungen können auch zur Musik gemacht werden, sodass die Kinder sich zwischen den konkreten Anweisungen wie z.B. „Bein über den Ball schwingen" rhythmisch bewegen, drehen, tanzen. Unbedingt zu beachten ist jedoch, dass Handstände, Rollen und Räder nur von Spielleitungen mit Vorerfahrung im Kinderturnen geübt werden sollten.

Tierische Übungen

Alter: ab 4 Jahren

Die Spielleitung überlegt gemeinsam mit den Kindern: „Welche Tiere haben welche Eigenschaften?" Für Capoeira wird z.B. Geschmeidigkeit, Schnelligkeit, Klugheit gebraucht. Von welchen Tieren können wir das lernen? Wie bewegen die sich?

Die Grundfigur bildet der Krebsgang. Die Kinder laufen auf allen Vieren, wobei der Bauch nach oben in den Himmel zeigt. Sie bewegen sich als Krebse kreuz und quer durch den Raum, bis die Spielleitung ein neues Tier ansagt.
Jetzt schleichen z.B. alle als Katzen durch den Raum.
Als Nächstes werden sie wieder zu Krebsen, Schlangen, Krebsen, Panthern, Krebsen, Affen, Krebsen usw.

Beinschwingen

Die Beine sind sehr wichtig beim Capoeira, sie sind ständig in Bewegung, werden in hohem Bogen geschwungen, führen schnelle „Kicks" aus und werden beim in die Hocke Gehen gebeugt, um vor einem Angriff auszuweichen.

Alter: ab 4 Jahren
Material: pro Kind 1 Medizinball

Jedes Kind erhält einen Medizinball. Abwechselnd schwingt es mal das rechte, mal das linke Bein über den Ball. Mal von außen nach innen, mal von innen nach außen.
Die Kinder können dies auch paarweise zusammen üben. Ein Kind geht in die Hocke, das andere schwingt sein Bein darüber. Partnerwechsel.
Diese Übung machen die Kinder langsam und aufmerksam.

Fußkicks

Alter: ab 4 Jahren
Material: pro Kinderpaar 1 Luftballon

Jedes Kinderpaar erhält einen Luftballon. Ein Kind hält den Ballon mit ausgestrecktem Arm in die Höhe, das andere Kind probiert den Ballon durch Fußkicks mit dem Fuß zu erreichen. Wie hoch kann der Ballon gehalten werden?

Handstand an der Wand

Capoeira kann für Fortgeschrittene ganz schön akrobatisch sein. Auch schon in den ersten Figuren wie z. B. im Aú kommen Radschläge und Handstände vor.

Alter: ab 5 Jahren (mit Hilfestellung)

Die Kinder hocken vor der Wand, Blick von ihr weg, und probieren jetzt die Wand mit den Beinen Schritt für Schritt von unten hochzulaufen, sodass der Bauch im Handstand zur Wand zeigt. Im nächsten Schritt üben sie mit Hilfestellung der Spielleitung, sich in den Handstand an die Wand hochzuschwingen.

Rollen und Räder

Alter: ab 5 Jahren
Material: Turnmatten

Die Spielleitung legt eine lange Reihe Turnmatten aus.
Die Kinder üben nun mit Hilfestellung Rollen und Räder.

Drehungen

Alter: ab 4 Jahren
Material: pro Kind 1 Luftballon oder Jongliertuch

Jedes Kind erhält ein Jongliertuch oder einen Luftballon.
Die Kinder werfen das Tuch oder den Ballon in die Luft. Währenddessen drehen sie sich in einer schnellen Drehung einmal um die eigene Achse und fangen das Jongliertuch oder den Ballon dann wieder auf.

Abtippen

Alter: ab 5 Jahren
Material: CD und CD Player

Die Kinder finden sich zu Paaren zusammen. Die Spielleitung lässt rhythmische, gut tanzbare Musik laufen. Die Kinder tanzen. Dabei stehen sie sich gegenüber und lassen sich trotz der Tanzbewegungen nicht aus den Augen.
Jedes Kind probiert geschickt, sein Gegenüber durch Antippen mit der Hand irgendwo zu berühren.

Wer bleibt standfest?

Alter: ab 4 Jahren
Material: CD und CD Player

Die Spielleitung startet die Musik. Alle Kinder tanzen frei im Raum.
Stoppt die Musik, gehen die Kinder sofort in die Hocke. Dabei ist nur der Sitz auf den Füßen erlaubt. Wer umfällt oder sich abstützen muss, scheidet aus.

Grundfiguren im Capoeira

Alter: 6 Jahren
Material: Kreppklebeband; bequeme Kleidung; CD; CD-Player (wenn vorhanden, Capoeira Musik, sonst alles, was ein angenehmes Tempo für die Übenden ergibt)

Ginga!

Ginga ist die Grundfigur der Capoeira. Aus der Ginga heraus entwickeln sich alle anderen Bewegungen, und in die Ginga geht es immer wieder zurück. Es ist zu lernen wie ein Tanzschritt.

Als Hilfe mit Kreppklebeband für jeden Capoeirista ein gleichschenkliges Dreieck auf den Boden kleben. Der Spieler stellt sich dazu so auf,
dass seine Füße im „schulterbreiten" Abstand auf
dem Boden stehen. Unter jeden Fuß eine Markierung auf den Boden kleben und mit einem
Kreppklebestreifen verbinden. Auf diese Weise
das Dreieck vervollständigen.

Der Spieler stellt auf jeweils eine Ecke einen Fuß
und das in einer Position, in der sich die dritte
freie Ecke jetzt hinter ihm befindet.

Jetzt werden Ausfallschritte geübt: Mit weichen
Knien und den Oberkörper leicht nach vorne
geneigt, das rechte Bein nach hinten zur freien
Ecke bewegen, kurz dort „abstellen", das Körper-
gewicht abgeben und mit leichtem Schwung
gleich wieder zurück in die Ausgangsposition.
Dann das gleiche mit dem linken Bein. Und wieder das rechte. Immer abwechselnd.

Die Arme schwingen wie beim Laufen mit: Ist
das rechte Bein vorne, ist der linke Arm vorn und
umgekehrt. Die Arme leicht anwinkeln, vor den
Körper halten, in Schutzposition vor dem „An-
greifer."

Die ganze Bewegung ist sehr weich und fließend.
Der Körper ist in ständiger Bereitschaft und
könnte aus dieser Position jederzeit in eine andere Bewegung gehen.

Wenn jeder Spieler für sich allein die Ginga beherrscht, wird sie als Nächstes als Partnerübung
geübt. Zwei Spieler stehen sich gegenüber und
führen beide gleichzeitig im gleichen Rhythmus
die Ginga aus, so als wäre ihr Gegenüber ihr
Spiegelbild.

Aú!

Aú ist eine Bewegung ähnlich wie Radschlagen,
aber die Beine werden nicht so weit ausgestreckt.
Während es beim Radschlagen wichtig ist, die
Beine möglichst gerade in der Luft zu halten, blei-
ben die Beine hier eher „krumm" und mehr in
Bodennähe.

Mit dieser Figur betreten die zwei Capoeiristas
den Kreis, gehen dann in die Ginga über und
das weitere Spiel nimmt seinen Lauf.

Meia-Lua! (übersetzt: „Halbmond")

Meia-Lua ist ein wichtiger Fußschlag zum An-
greifen. Dabei beschreibt das Bein von außen
nach innen einen Halbkreis. Das Bein geht dabei so hoch wie möglich in die Luft (s. Foto
unten). Der Spielpartner muss dann schnell in die
Cocorinha (s. u.) gehen, sodass das Bein des An-
greifers in hohem Bogen über ihn hinweggeht.

Cocorinha! (übersetzt: Hühnchen)

Bei der Cocorinha geht der Spieler „in Deckung",
d. h., er weicht dem Angriff des Gegenübers aus,
in dem er in die Hocke geht. Dabei hält er einen
Arm zum Schutz vor die Stirn. Mit der anderen
Hand stützt er sich am Boden ab.

Meia-Lua!

Capoeira auf der Straße

Capoeira-Musik

Die Capoeira-Musik besteht aus Rhythmus und Gesang. Die Musiker stehen in einer Reihe, spielen Rhythmen auf dem Pandeiro (ähnlich einem Tamburin), der Agogô, der Rum (ähnlich einer Conga), und dem Berimbau. Das Hauptinstrument in der Capoeira Musik ist der Berimbau, ein Musikbogen, bestehend aus einem gebogenen Holzstock, über dessen beide Enden ein Draht als Saite gespannt ist. Eine aufgeschnittene Kalebasse dient als Resonanzkörper. Dazu werden Capoeira-Lieder gesungen. Rhythmus, Lied und Bewegung vereinen sich.

YouTube:

Capoeira, Berimbau, toque berimbau, toque angola

Berimbau

Zum Bespielen der Berimbau hält der Musiker in der einen Hand einen Stein oder eine Münze und in der anderen das Stöckchen, mit dem er die Saite anschlägt und gleichzeitig das Caxixi (➔ S. 37) mitspielt.

Berimbaus lassen sich nicht gut selbst herstellen. Sie haben einen ganz eigenen besonderen Klang und es gibt auch keine gute Alternative.

Aber auch ohne den Klang des Berimbaus kann allein der Rhythmus zum Singen der Lieder und zum Praktizieren der ersten Capoeira-Übungen gespielt werden.

Capoeira-Rhythmus

Alter: ab 6 Jahren
Material: Agogô, Atabaque (Conga), Caxixi, (Berimbau, Pandeiro – runder Schellenring mit Trommelfell)

Die Conga wird mit open tones (Noten unter der Linie) und einem Slap (Note über der Linie) gespielt.

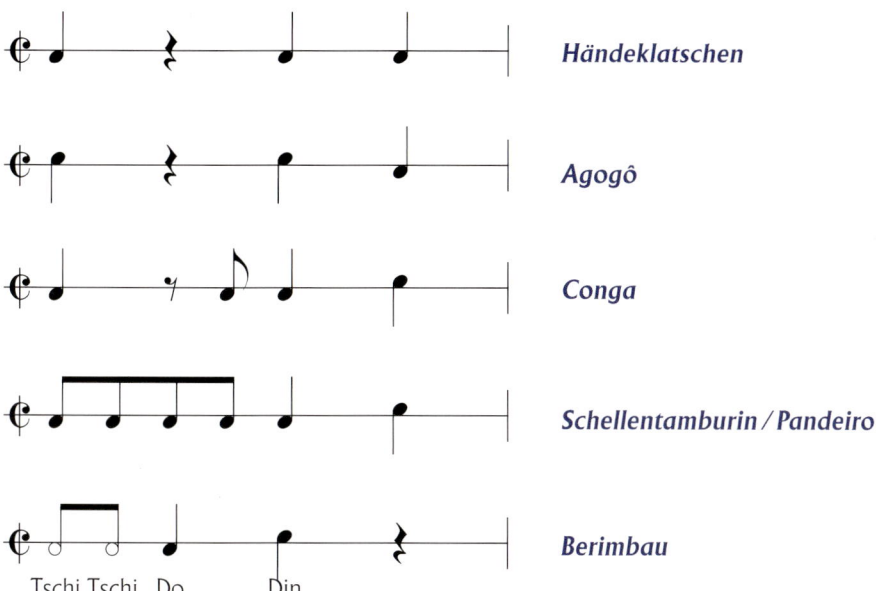

Händeklatschen

Agogô

Conga

Schellentamburin / Pandeiro

Berimbau

Tschi Tschi Do Din

Capoeira Song

Text: M. F. Hohberger | **Musik:** M. F. Hohberger / R. Kiwit

Am   Dm   G   C

Ca - xi-xi   und   Be - rim-bao,   A - go - go und   Pan - dei - ro

F   G   C

hört man durch   das   gan - ze Land   bis   Ri - o de   Ja - nei - ro.

F   C   F   C   F   G   Am   E

Me - ia Lu - a   und A - ú,   Ar - ma - da und   Co - co - rin - ha.

F   C   F   C   F   C   G   C

In der Ro - da   da spielst du   mit A - xé   und   Gin - ga.

Am

Ca - po - ei - ra   Ca - po - ei - ra

Ca - po - ei - ra   Ca - po - ei - ra

Roda de Capoeira

Alter: ab 6 Jahren
Material: Instrumente oder Capoeiramusik von CD; CD-Player

Die Kinder bilden eine Rhythmusgruppe und eine Gesangsgruppe und entscheiden, welche Paare zusammen tanzen und spielen.

Alle stehen im Kreis. Die Musiker stehen nebeneinander. Der Berimbau beginnt zu spielen, das Händeklatschen startet, die anderen Instrumente setzen ein, das Lied (→ S. 84) wird gesungen.

Das erste Spielerpaar beginnt, indem es sich vor die Musiker in die Hocke gegenübersetzt und sich begrüßt. Von da aus starten beide Spieler gleichzeitig mit der Aú in den Kreis.

Dort angekommen geht es direkt in die Ginga. So wie in der Ginga-Übung (→ S. 79) stehen sie sich die ganze Zeit gegenüber und lassen sich nicht aus den Augen.

Zwischendurch probieren sie mit dem Meia-Lua (→ S. 80) einen Angriff, und der andere Spieler wehrt mit der Cocorinha (→ S. 80) ab.

Nach einer Weile starten zwei neue Spieler im Kreis. Die anderen Beiden verabschieden sich voneinander.

YouTube:

Maculelê, Capoeira oder Samba-de-Roda

Roda ist also ein Kreis. Die Roda ist nicht nur beim Capoeira, sondern auch im Zusammenhang mit verschiedensten anderen Musikstilen von großer Bedeutung. Ich liebe Rodas, denn das Besondere daran ist, dass sich dabei Menschen, manchmal auch ganz spontan, zusammenfinden und einen Kreis bilden, in dem Musik gemacht und getanzt wird. Und alle sind beteiligt! Wer nicht tanzt, der singt oder klatscht oder spielt ein Instrument.
Es gibt unterschiedliche Rodas. Im Hinterland in Bahia gibt es z.B. Rodas, in denen ältere Damen tanzen. Sie tragen weite bunte Röcke beim Tanzen. Ihr Tanz ist schon fast majestätisch, so selbstverständlich, selbstbewusst und anmutig bewegen sie sich. In den Städten treffen sich junge Leute mit ein paar Instrumenten scheinbar spontan zu einer Roda und schon geht's los. Einfache Trommeln spielen einen Rhythmus und die Menschen tanzen voller Freude und Lebensenergie und mit maximalem Spaß am eigenen Sein. Und nicht nur die TänzerInnen im Kreis haben Spaß, sondern auch die außen im Kreis Stehenden. Durch Mitsingen und Klatschen feuern sie sie an und geben ihnen Energie.

Komm tanz !

Text: M. F. Hohberger | **Musik:** M. F. Hohberger / R. Kiwit

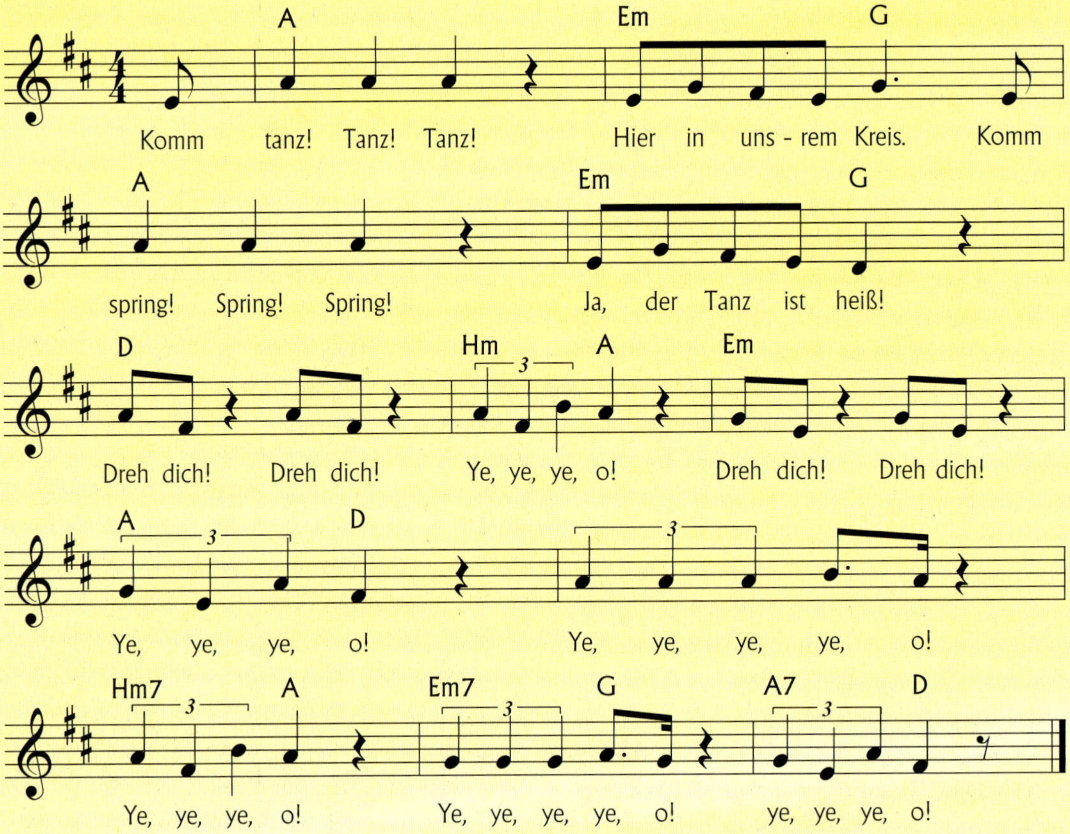
A Em G
Komm tanz! Tanz! Tanz! Hier in uns - rem Kreis. Komm
A Em G
spring! Spring! Spring! Ja, der Tanz ist heiß!
D Hm A Em
Dreh dich! Dreh dich! Ye, ye, ye, o! Dreh dich! Dreh dich!
A D
Ye, ye, ye, o! Ye, ye, ye, ye, o!
Hm7 A Em7 G A7 D
Ye, ye, ye, o! Ye, ye, ye, ye, o! ye, ye, ye, o!

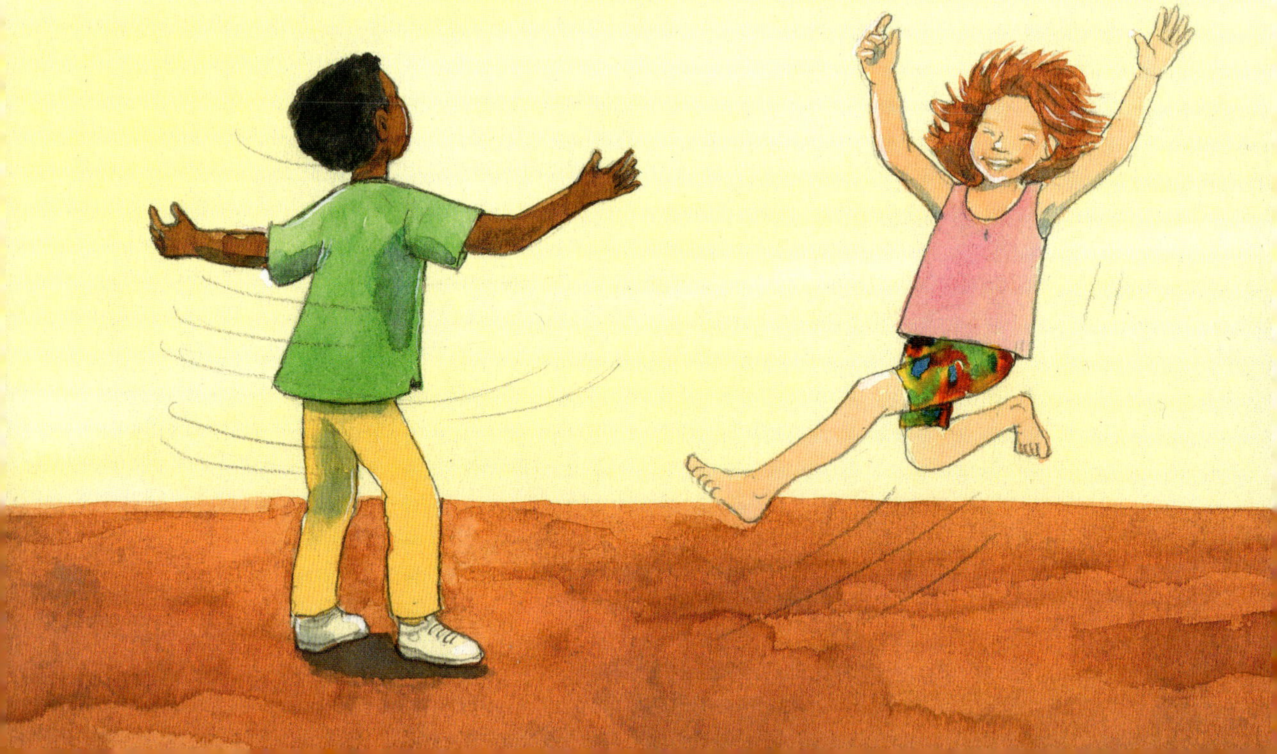

Rhythmus: Samba Duro

Der notierte Samba Duro-Rhythmus ist etwas für geübtere SpielerInnen. Als einfachere Version kann auch Samba (→ S. 41) oder ein Mix aus verschiedenen Rhythmen, die für die Gruppe gut spielbar sind, getrommelt werden.

„Roda"-Tanzspiel

Alter: ab 4 Jahren
Material: CD und CD Player oder Live Musik

Die Musik läuft, alle im Kreis Stehenden bewegen sich mit kleinen Bewegungen wenig raumeinnehmend rhythmisch zur Musik.

Eine Tänzerin löst sich aus dem Kreis und beginnt in der Mitte ihren eigenen Tanz, den sie genießt. Sie hat Freude an der Bewegung. Alle Anwesenden sind mit ihrer Aufmerksamkeit bei der tanzenden Person in der Mitte und unterstützen sie mit ihrer Energie durch ihr Klatschen und Singen.

Wenn die Tänzerin in der Mitte genug hat, tanzt sie zu einer Person im Kreis und wird durch diese abgelöst. Jetzt startet das nächste Tanz-Kind.

Variante

Ein Junge und ein Mädchen gehen in den Kreis. Sie tanzen gemeinsam, aber ohne sich zu berühren. Dennoch sind sie immer in Kontakt, sie lassen sich nicht aus dem Auge, sie reagieren aufeinander und haben Spaß miteinander.

Ein Junge aus dem Kreis kann jederzeit den Jungen im Kreis auslösen. Dafür tanzt er charmant in den Kreis hinein und löst den Jungen in der Mitte ab, der wiederum in die Roda zurückgeht. Jetzt hat das Mädchen einen neuen Tanzpartner in der Mitte.

Nach einer Weile kommt ein neues Mädchen in den Kreis und löst die bisherige Tänzerin ab. Auf diese Weise wechseln sich die TänzerInnen in der Roda aus.

Samba de Roda

Alter: ab 4 Jahren
Material: evtl. farbiger Hut

Alle Kinder bilden einen Kreis. Sie klatschen gemeinsam einen Rhythmus (zwei Varianten für unterschiedliche Schwierigkeitsgrade sind auf S. 85 notiert) und singen das Lied „Komm tanz!" (→ S. 84).

Dann geht ein Kind in den Kreis und zeigt seinen Tanz. Der Rhythmus hört nie auf. Das Lied wird einmal ganz gesungen, dann feuern die Kinder im Kreis den Tänzer oder die Tänzerin an. Das tanzende Kind bestimmt, wann sein Tanz in der Mitte zu Ende ist, und zwar, indem es entweder einem der anderen Kinder einen farbigen Hut aufsetzt, oder indem sie die „Bauchnabelberührung" mit ihm ausführt. (Beide Varianten kommen so in Brasilien vor). Bei der Bauchnabelberührung tanzt es auf ein Kind im Kreis zu, beide Bauchnabel berühren sich, und jetzt ist eine neues Tanz-Kind im Kreis. Die Spieler im Kreis singen erneut das Lied und feuern danach das tanzende Kind an.

In manchen Teilen Brasiliens tanzen die Frauen beim Samba de Roda mit weiten langen Röcken. Probiert es aus. Fühlt sich das Tanzen dann anders an?

Ciranda, Cirandinha

Rhythmus und Lied → S. 58/59.

Alter: ab 5 Jahren

Alle Kinder stehen im Kreis. Die Spielleitung hat das Lied „Ciranda Cirandinha" eingelegt. Mit dem Einsatz des Gesangs beginnt folgender Tanz mit einem Schritt pro Zählzeit:

„Ciranda Cirandinha":
1. rechter Fuß nach rechts,
2. linker Fuß zieht nach,
3. rechter Fuß nach rechts,
4. linker Fuß zieht nach – auf der Zählzeit 4 zusätzlich in die Hände klatschen.

„Vamos todos cirandar":
1. linker Fuß nach links,
2. rechter Fuß zieht nach,
3. linker Fuß nach links,
4. rechter Fuß zieht nach – auf der 4 zusätzlich in die Hände klatschen.

Wiederholung!

„Vamos dar a meia volta":
Genau wie in *„Ciranda Cirandinha"*, nur jetzt mit einer Drehung auf Zählzeit 2 und 3.

„Volta meia vamos dar".
Genau wie in *„Vamos todos cirandar"*, nur mit einer Drehung auf Zählzeit 2 und 3.

In der deutschen Fassung wird dann getanzt, wie es der Text beschreibt:

„Ciranda cirandinha, hey, komm, nimm mich an die Hand!":
Alle Kinder stehen im Kreis und fassen sich an den Händen.

„Im großen Kreis gehts rechts rum.":
4 Schritte nach rechts

„Dann zurück bis in den Stand.":
4 Schritte nach links

„Und dann such ich einen Partner …" usw.:
Jedes Kind sucht sich einen Partner. „Klassische" Paartanzhaltung einnehmen und über den Instrumentalteil des Liedes eine dem Lambada ähnliche Improvisation ausprobieren. Die Körper der Tanzpartner berühren sich am Bauch. Hüftschwung und weiche Knie nicht vergessen! Dann beginnt das Lied von vorne.

Singen und klatschen

Ritmo, Canta, Dança – Rhythmus, Gesang, Tanz

Zu fast allen Musikstücken dieses Kapitels gibt es auch einen Tanz im Kapitel „Dança". Die drei Elemente Rhythmus, Gesang und Tanz kommen meistens in Verbindung vor und ergänzen sich zu einer Einheit. So kann mit den Kindern nach ihren Vorlieben und Fähigkeiten in verschiedenen Gruppen gearbeitet werden: Ein Teil der Kinder übt die Rhythmen auf den Instrumenten, ein anderer Teil singt die Lieder und eine dritte Gruppe hat sich mit dem Tanzen beschäftigt. Wenn die einzelnen Gruppen sicher sind, kommen sie zusammen und aus Rhythmus, Gesang und Tanz wird ein „Stück", das sich bei Aufführungen präsentieren lässt oder alle drei Elemente vereinen sich in dem Bloco.

In Rio de Janeiro werden die großen Trommelgruppen mit mehreren Hundert Trommlern der Sambaschulen Bateria genannt. In Salvador da Bahia sind es die Blocos Afros, die vor allem zur Karnevalszeit durch die Straßen ziehen. Blocos bestehen aus Trommlern, Sängern und Tänzern. Am Pelourinho, dem wichtigsten Platz in der Altstadt von Salvador, spielt fast jeden Abend ein Bloco. Die Menschen tanzen und lassen sich von der Energie mitreißen. Mit ihrer Musik, mit ihrem äußeren Erscheinungsbild in Form ihrer Kleidung und Frisuren haben sie bis heute die Förderung der Identität und des schwarzen Selbstbewusstseins zum Ziel. Und darin wurzelt auch die Kraft und Energie der Musik.

Für einen Bloco braucht ihr also Instrumente, Trommler, Sänger, Tänzer, Kostüme, Haar- und Körperschmuck und: gute Energie! Also los!! Wie sieht euer Bloco aus? Wie heißt er? Welche Musik wird gespielt?

Escola Olodum

Bekannte Blocos

Die bekanntesten Blocos heißen **Ilê Ayê** (Haus des Lebens) und **Olodum** (Ableitung des Yorubawortes Olodumaré – Gott der Götter). Durch diese beiden Blocos entstand und verbreitet sich noch heute der Samba-Reggae.

Olodum (gegründet 1979) ist heute zu einem großen Unternehmen mit sozialpädagogischen und politischen Zielen herangewachsen. Es gibt einige Kindergruppen und eine Alternativschule, die die Kinder mit unterschiedlichsten Angeboten an der erfolgreichen Teilnahme der Gesellschaft vorbereiten soll. Olodum hat 1990 mit Paul Simon das Stück „The Obvious Child" und 1995 mit Michael Jackson die Single „They Don't Care About Us" eingespielt. Weitere bekannte Blocos Afros sind: Muzenza, Malê Debalê, Ara Ketu, Cortejo Afro.

Bloco „Sonnenblume"

Gemeinsam mit den Kindern wird der Name des Blocos gesucht und festgelegt. Vielleicht ergibt er sich aus dem Namen der Einrichtung, sonst wird er neu kreiert. Die Spielleitung überlegt gemeinsam mit den Kindern, welche Farben zur Gruppe passen, wie die Kostüme und der Schmuck der Trommler, Sänger und Tänzer aussehen soll. Hat die Gruppe vielleicht ein bestimmtes Motto oder Thema, das sie darstellen möchte? Hier wird alles am Beispiel „Sonnenblume" (brasil.: „girassol") beschrieben.

 Wenn man in Rio beim Karneval mitmachen möchte, braucht man eine Fantasia, ein Kostüm. Das kann jeder Gringo (so nennen die Brasilianer euch weiße Ausländer) käuflich erwerben und dann in einer der Sambaschulen beim Karneval mittanzen.

Wenn man in Salvador da Bahia mitmachen möchte, braucht man das entsprechend bedruckte T-Shirt in den Farben des Blocos und mit dem Logo des Blocos.

Kostüm „Sonnenblume"

Alter: ab 4 Jahren
Material: grüne Hosen; gelbe T-Shirts in Gelb oder Farbe nach Wahl; Kunst-Sonnenblumen; Perlen; Federn und weitere passende Accessoires; evtl. Textilfarben; Blumenspritze; Pappe; Scheren

Die Kinder tragen grüne Hosen und gelbe Oberteile. Kleine Kunst-Sonnenblumen, Perlen, Federn und Accessoires schmücken die Haare und die Instrumente.
Nach Wahl können die T-Shirts auch noch bedruckt werden. Die Spielleitung legt dazu gemeinsam mit den Kindern die Farben und Formen für die Kostüme fest.
Jedes Kind bringt ein T-Shirt in der entsprechenden Farbe mit. Die Kinder gestalten mithilfe der Spielleitung mit Textilfarbe und Stempeldruck oder Schablonengraffiti die T-Shirts.

Variante

Ein Logo entwerfen und dieses professionell auf ein T-Shirt drucken lassen. Dies entweder über einen Internetdruckservice in Auftrag geben oder den nächstgelegenen Copyshop um Hilfe bitten.

Accessoires

Alter: ab 5 Jahren
Material: Federboa; lange Federn; lange Handschuhe; Armstulpen; Netzstrumpfhosen; Blütenhaarreif etc.

Die o.g. Accessoires sind vor allem zur Karnevalszeit günstig zu erwerben und lassen sich toll verwenden, wenn die Kostüme alle bunt und glitzernd sein sollen. Auch die Instrumente lassen sich gut schmücken. Sie können mit großen bunten Kunstfedern oder Blumen beklebt werden. Wichtig ist, dass vor allem Trommler und Tänzer durch die Accessoires nicht in ihren Bewegungen behindert werden, und dass sich die Kinder während ihrer Aktionen nicht mit ihren Kostümen beschäftigen müssen.

Ihr könnt es aber auch machen wie Timbalada, einer Gruppe aus Salvador da Bahia: Sie bemalen ihre Körper. Die Männer tragen Hosen, die Frauen Röcke. Der restliche Körper ist bemalt: Arme, Beine, Oberkörper und Gesicht. Da die Trommler, Tänzer und Sänger von Timbalada eine schwarze Hautfarbe haben, wirkt auf ihrer Haut Weiß sehr gut. Ihre Körper sind mit weißen Linien und Mustern bemalt. Welche Farbe passt zu euch am besten?

Körperbemalung

Alter: ab 4 Jahren
Material: Körperschminke auf Wasserbasis; Pinsel

Die Kinder tragen ein Teil ihres Kostüms. Die Jungs haben z. B. Hosen an und einen freien Oberkörper. Die Mädchen tragen z. B. kurze oder lange Röcke und ein Bikinioberteil.
Die restliche freie Körperfläche mit Linien und geometrischen Mustern bemalen. Die größeren Kinder malen sich gegenseitig an, die kleinen bekommen Unterstützung von der Spielleitung oder von den größeren Kindern.

Perlenketten

Die Ketten in Salvador da Bahia bestehen häufig aus nur zwei Farben, z. B. Gelb und Weiß, den Farben der Göttin Oxum.

Alter: ab 4 Jahren
Material: Plastikperlen in Gelb und Weiß oder nach Wahl; Schnur zum Aufziehen, je 1–1,20 m lang

Die Schnur in einem aus den beiden Farben bestehenden, immer wiederkehrenden Muster mit Perlen aufziehen.
Das Perlenband am Ende verknoten.

Hinweis
Die Kette kann doppelt um den Hals getragen werden oder in voller Länge über die Schulter. Oft werden auch viele Ketten überkreuz über jede Schulter getragen.

Perlenschmuck

Perlenketten und Muschelschmuck sind in Brasilien allgegenwärtig. Überall trifft man auf Perlenketten und Schmuckverkäufer. Zu den Festen werden lange einfache Perlenketten in den entsprechenden Farben getragen. Die Bahianas, die Frauen in den vielschichtigen Gewändern, sind häufig behängt mit vielen Perlenketten, die alle eine Bedeutung haben, die Souvenirläden sind voll mit Perlen und Muschelschmuck, und manchmal soll es einfach nur schick sein.

Perlen- und Muschelketten

Frisuren

 *Fast noch wichtiger als alles Andere ist das Styling der Haare. Von phantasievollen Rasuren über Rastahaare bis hin zu aufwändiger Flechtkunst mit eingearbeiteten Perlen und Muscheln gibt es die kreativsten Köpfe zu sehen.*

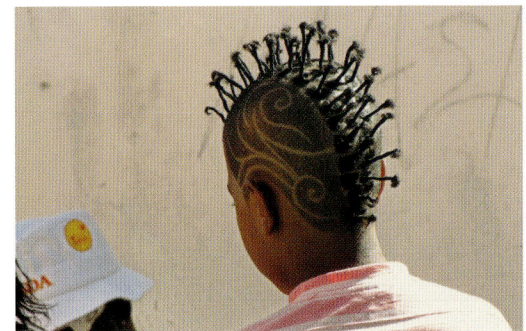

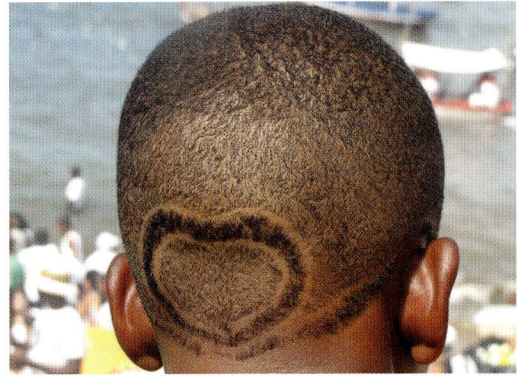

Phantasievolle Frisuren & Haarschmuck

Perlen und bunte Bänder

Alter: ab 4 Jahren
Material: Perlen; feine Stoffstreifen; Stickgarn; Nadel; Faden; evtl. Kaurimuschel

Feine Zöpfe in das Deckhaar flechten und mit feinen Stoffstreifen oder Stickgarnstreifen durchziehen. Hierfür den bunten Streifen gleich mit den ersten Flechtüberlagerungen am Zopfanfang mit einfädeln und dann bis zum Zopfende mit runterflechten.
Das Zopfende mit einem Gummiband verknoten oder mit Nadel und Faden vernähen.
Beim Vernähen können am Zopfende Perlen mit aufgezogen werden. Hierfür den Faden mit der Nähnadel am Zopfende fixieren, indem er mit mehreren Stichen durch Haare und Stoffstreifen vernäht wird. Über die Nadel werden jetzt die Perlen mit entsprechend großen Öffnungen gefädelt. Sie zieren jetzt das Zopfende. Ganz an den Schluss kann eine Kaurimuschel oder eine ganz besondere Perle genäht werden.

Tücher und Turbane

Alter: ab 4 Jahren (mit Hilfestellung)
Material: verschiedene Stoffe mit Elastan-Anteil; Zackenschere

Die Kinder schneiden sich mit der Zackenschere (so franst der Stoff an den Rändern nicht aus) 10 cm × 150 cm lange Stoffstücke zurecht. Diese werden mithilfe der Spielleitung nun wie folgt gewickelt:
Die Mitte der Stoffbahn auf der Stirn des Kindes anlegen. Die beiden Enden rechts und links in den Nacken führen, kreuzen und wieder zur Stirn führen. Über der Stirn einen schönen Knoten schlingen.

Die beiden Enden wieder in den Nacken führen und dort gut haltbar verknoten.

Hinweise
- Für die häufig glatten Kinderhaare eignen sich für die Turbane weiche Stoffe mit Elastananteil gut, da sie im Haar besser halten.
- Auch Jungen und Männer tragen Turbane und Stirnbänder!

Tücher & Turbane

Kopfschmuck mit Pailletten

Alter: ab 6 Jahren
Material: einfarbige Stoffhaarbänder (aus dem Drogeriemarkt) oder Sport-/Schweißbänder; Pailletten; Federn; Nadel; Faden

Die einfarbigen Stoffhaarbänder mit Pailletten, Kunstblumen, Federn, o.Ä. verzieren. Dafür einfach mit Nadel und Faden die verschiedensten Materialien auf die Stoffbänder aufnähen.

So, jetzt habt ihr fast alles, was ihr braucht! Vielleicht könnt ihr mit eurem „Bloco" beim nächsten Erntefest, beim Karneval oder Laternenfest auf einem Wagen mitfahren und spielen?

Trio elétrico heißen die großen Lastwagen, die von den Bands in Bahia zum Karneval zur Bühne umfunktioniert werden. Hier werden große Boxen aufgebaut, alle Instrumente, Musiker und Tänzer haben darauf Platz, und der Wagen wird natürlich entsprechend geschmückt. Beim Karneval fahren die Trio elétricos durch die Straßen und die Menschenmengen tanzen hinterher.

Auf den Wagen wird Música Popular Brasileira (MPB) gespielt. So nennt man heute die Popmusik aus Brasilien, in der sich verschiedenste Musikstile mischen, die aber in enger Verbindung zur traditionellen brasilianischen Musik steht. MPB ist für die Brasilianer „ihre Musik" und eng mit dem kulturellen und nationalen Selbstverständnis verbunden. MPB wird quer durch alle Alters- und Sozialschichten gehört.

YouTube:

Margareth Menezes, Daniela Mercury, Ivete Sangalo, Timbalada, Carlinhos Brown, Jau Peri, Gilberto Gil, u. v. m.

Futebol – Ballzauber

In diesem Kapitel wird Kinderfußball mit Musik trainiert. Ausgesuchte Übungen trainieren Ballgefühl, Ballkontrolle und gleichzeitig Rhythmusgefühl. Außerdem bietet es musikalische Ideen für stimmungsvolle „Stadionmusik" zum Anfeuern und Jubeln.

Futebol auf dem Rasen, am Strand, im Wasser

Gooooooool!!! brüllen brasilianische Fans, wenn ihre Mannschaft ein Tor erzielt. Ich liebe es, ins Stadion zu fliegen und bei einem Fußballspiel dabei zu sein. Die Leute drehen durch! Nirgendwo liegt Alegría (Freude) und Tristeza (Traurigkeit) so nah beieinander.

Brasilien hat nicht nur die besten Fußballtechniker der Welt hervorgebracht, sondern ist weltweit auch die einzige Nation, die bisher fünfmal den Weltmeistertitel errungen hat (zuletzt 2002). Die bekanntesten Spieler heißen Pele, Zico, Ronaldo und Rivaldo. Und wer spielen möchte wie ein Ronaldinho, der braucht auch Rhythmus im Blut. Vor allem beim Fußball ist Ginga gefragt: Der Swing, der Fluss, die Geschmeidigkeit im Spiel und in der Bewegung. Fußball mit ein bisschen Samba und ein bisschen Capoeira. „Brasilianische Fußballer haben den Vorteil in einem Land zu leben, in dem der Tanz zum Leben dazu gehört.", hat Zico einmal gesagt. Und wie könnt ihr das üben? Mit Musik natürlich! Legt euch rhythmische brasilianische Musik ein, die in die Beine geht und dann ran an den Ball!

Futebol

Stopptanz mit Ball

Alter: ab 5 Jahren
Material: Bälle; begrenztes Spielfeld; rhythmische Musik auf CD; CD-Player

Im Spielfeld sind je nach Spielfeldgröße 6–8 SpielerInnen. Sie brauchen genug Platz, um sich mit dem Ball frei bewegen zu können. Der Ball wird am Fuß geführt (dribbeln), d. h. die Kinder bleiben in Kontakt mit dem Ball. So laufen sie mit dem Ball kreuz und quer über das Feld. Animiert durch die rhythmische Musik sind dabei auch tänzerische Schritte, Drehungen und Sprünge ausdrücklich erwünscht.

Wenn die Musik stoppt, stoppen auch die Spieler. Sie treten sofort mit einem Fuß auf den Ball. Jeder muss dabei seinen Ball unterm Fuß haben und bewegungslos dastehen.

Wer als Letzter in dieser Pose steht, wird „ausgewechselt". Das Spiel beginnt erneut.

Stopp-Dribbeln

Dribbeln heißt übersetzt „träufeln" und ist ein Wort, das in verschiedensten Ballsportarten vorkommt. Im Fußball bedeutet es, dass der Spieler läuft und den Ball dabei möglichst dicht am Fuß führt.

Alter: ab 5 Jahren
Material: pro Kind ein Ball; rhythmische Musik auf CD; CD-Player

Die Spielleitung legt mit den Kindern eine begrenzte Strecke mit Start- und Ziellinie fest. 6–8 Kinder gehen gleichzeitig an den Start. Jedes Kind hat einen Ball, den es zum Ziel dribbelt. Die Musik ist das Startzeichen. Stoppt die Musik, stehen alle Spieler regungslos da und haben einen Fuß auf dem Ball. Wer sich als Letzter noch bewegt hat, muss zurück zum Start und neu beginnen.
Das Spiel ist zu Ende, wenn alle Spieler über die Ziellinie gekommen sind.

Variante
Das gleiche Spiel kann auch in zwei Mannschaften gespielt werden: Welche Mannschaft hat zuerst alle Spieler über der Ziellinie?

Balljonglage mit Musik

Die Fähigkeit, einen Ball mit verschiedenen Körperteilen (Fuß, Kopf, Brust, Knie) ohne Bodenberührung in Bewegung zu halten, heißt Fußball-Jonglage.

Alter: ab 5 Jahren
Material: pro Kind 1 Ball oder Luftballon; rhythmische Musik auf CD; CD-Player

Für Spielanfänger und jüngere Kinder beginnt die Jonglage mit einem Luftballon. Jedes Kind hat einen aufgeblasenen Luftballon, den es einmal hochwirft und dann so lange wie möglich durch Kicks mit dem Fuß, dem Knie, der Brust oder dem Kopf in der Luft hält. Dabei hören die Kinder immer wieder auf die Musik und versuchen den Rhythmus in ihr Spiel einzubinden.
Welche „tänzerischen" Tricks sind möglich?
Können sich die Kinder einmal um sich selber drehen, nachdem der Luftballon in die Luft geköpft wurde und ihn dann mit der Brust wieder fangen?
Kann der Po mal geschüttelt werden, können die Hüften mal kreisen?
Nach einer Weile des Übens wird das gleiche Spiel mit Bällen durchgeführt.
Nachdem jedes Kind eine Weile für sich geübt hat, kommen alle Kinder im Kreis zusammen. Das erste Kind kommt mit dem Ball oder dem Ballon in den Kreis und zeigt alle seine Tricks, seinen „Tanz" mit dem Ball oder dem Ballon. Die Kinder im Kreis feuern es an und klatschen rhythmisch zur Musik und am Ende natürlich ordentlich Beifall.
Wenn das Kind in der Mitte fertig ist, wirft es den Ball einem anderen Kind zu, das jetzt in den Kreis kommt, und nimmt selbst den freigewordenen Platz im Kreis ein.

Balljonglage mit Multikickbällen

Multikickbälle sind Fußbälle mit einem langen Gummiband, das sich der Spieler um die Hüfte bindet. So kommt der Ball bei jedem Kick von selbst zurück.

Alter: ab 6 Jahren
Material: pro Kind 1 Multikickball

Die Kinder probieren mit dem Ball alle Varianten des Kickens und der Ballannahme mit unterschiedlichen Körperteilen. Nach einer Weile gibt es wieder eine Präsentation im Kreis.

Ball & Hand

Ballberührung mit der Hand ist natürlich (außer dem Torwart) beim Fußball nicht erlaubt. Dennoch gehört es zum guten Ballgefühl, Bälle auch sicher fangen zu können.

Alter: ab 4 Jahren
Material: pro Kind 1 Ball

Jedes Kind hat einen Ball. Die Spielleitung leitet verschiedene Ballfangspiele an:

- Ball hochwerfen und wieder auffangen.
- Ball auf den Fußboden prellen und wieder auffangen.
- Ball gegen die Wand werfen und wieder auffangen.
- Ball einem Partner zuwerfen und wieder auffangen.

Sind die Kinder im Werfen und Auffangen geübt, können sie mit den Bällen rhythmisch werfen und fangen. So kann mit den Ballgeräuschen musiziert werden.

Ball-Rhythmus

Alter: ab 5 Jahren
Material: Bälle

Note = Ball prellen
Kreuz = Ball fangen

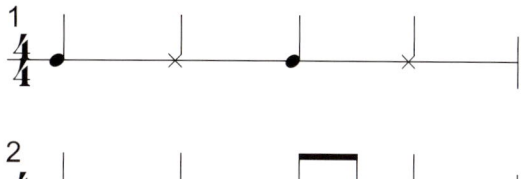

Balltanz

Mit den ersten beiden, oben notierten Rhythmen kann die Strophe des folgenden Liedes (→ S. 100) begleitet werden.
Die dritte Zeile (unten) zeigt eine rhythmische Idee für den Refrain: Dreimal prellen und bei der Textzeile „Fie-ber" den Ball einem Partner zuwerfen, der ihn auffängt. Im Lied wiederholt sich diese Zeile dreimal.
Bei „e-jo-e, e-jo-e, e-jo-e-e-e" den Ball im Takt der Musik zweimal hinterm Rücken entlang elegant von Hand zu Hand geben, dann einmal hochwerfen und wieder fangen.

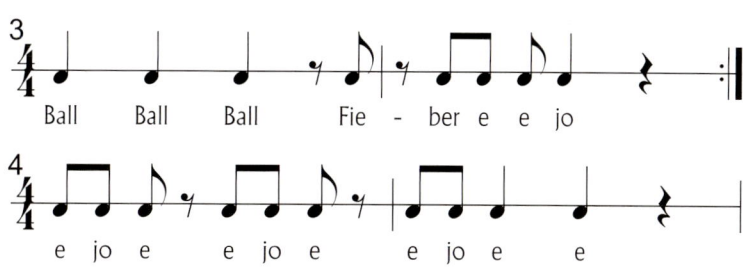

Ballfieber

Text: M. F. Hohberger | **Musik:** M. F. Hohberger / R. Kiwit

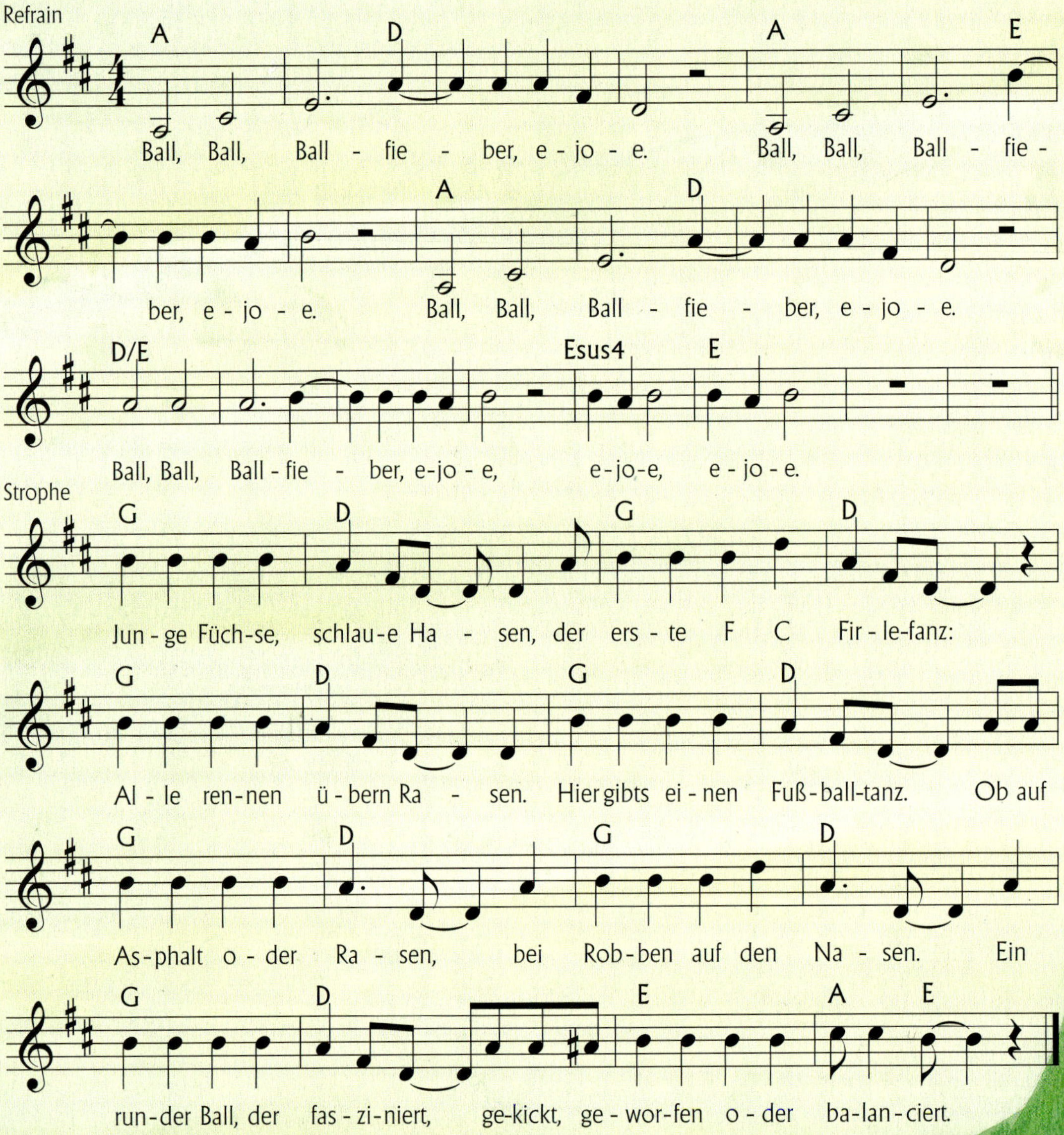
Refrain
A D A E
Ball, Ball, Ball - fie - ber, e - jo - e. Ball, Ball, Ball - fie -
A D
ber, e - jo - e. Ball, Ball, Ball - fie - ber, e - jo - e.
D/E Esus4 E
Ball, Ball, Ball - fie - ber, e-jo - e, e - jo-e, e - jo - e.
Strophe
G D G D
Jun - ge Füch-se, schlau-e Ha - sen, der ers - te F C Fir - le-fanz:
G D G D
Al - le ren-nen ü-bern Ra - sen. Hier gibts ei - nen Fuß-ball-tanz. Ob auf
G D G D
As-phalt o - der Ra - sen, bei Rob-ben auf den Na - sen. Ein
G D E A E
run-der Ball, der fas - zi-niert, ge-kickt, ge - wor-fen o - der ba-lan-ciert.

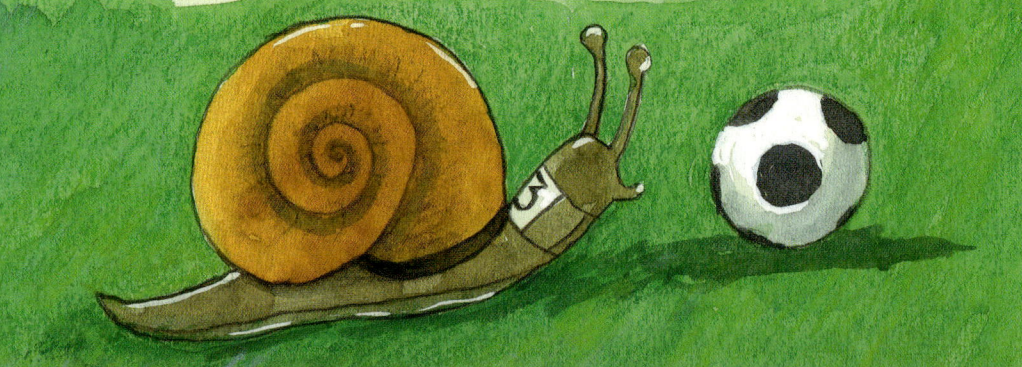

2. Grüne Möhre, fette Schnecke.
Hacke, Spitze, 1,2,3.
Aufgepasst, jetzt gibt's 'ne Ecke.
Hallo, hierher, ich bin frei!

Bälle rollen, Bälle fliegen,
als Fußballer musst du sie kriegen.
Und kommt das eher selten vor,
schreien die anderen laut TOOOORRRR!!!!!

Ball-Ball-Ball-Fieber, e-jo-e,
Ball-Ball-Ball-Fieber, e-jo-e,
Ball-Ball-Ball-Fieber, e-jo-e,
e-jo-e, e-jo-e, e-jo-e-e-e-e.

 *Da habt ihr jetzt gleich eine Idee, wie eure Mannschaft heißen kann! Vielleicht habt ihr gemerkt, dass Einiges noch extra trainiert werden sollte. Vielleicht verliert ihr den Ball beim Laufen immer oder wundert euch, dass doch nicht jeder Torschuss auch im Tor landet? Hier gibt es ein paar Übungen, mit denen ihr das lernen könnt:*

Immer am Ball bleiben

Alter: ab 4 Jahren
Material: 2 Bälle; zwei Kegel; Hütchen; Medizinbälle o. Ä. zur Markierung

Die Spielleitung legt gemeinsam mit den Kindern eine Strecke von ca. 20 Metern fest. Parallel dazu gibt es eine zweite Strecke. Am Ende der Strecke befindet sich eine Markierung in Form eines Kegels oder Medizinballes. Am Anfang der Strecke ist der Start.
Die Kinder bilden zwei Mannschaften. Pro Mannschaft geht ein Kind mit einem Ball an den Start. Auf ein Signal des Spielleiters laufen beide los. Sie dribbeln mit dem Ball so schnell sie können und möglichst ohne ihn zu verlieren zum Ende der Strecke, umrunden die Markierung, dribbeln zurück und übergeben den Ball dem nächsten Spieler ihrer Mannschaft.

Variante: Dribbeln im Slalom
Das Spiel geht wie oben beschrieben, nur werden jetzt auf der Strecke noch weitere Markierungen aufgestellt, sodass die Kinder die Strecke im Slalom laufen müssen.

Jonglierspiel zu dritt

Alter: ab 6 Jahren
Material: pro Kindergruppe 1 Ball

Die Spieler stellen sich in Form eines Dreiecks gegenüber. Zwei Spieler sind Werfer (A+B), ein Spieler ist „Kicker" (C).
Spieler C bekommt von Spieler A den Ball zugeworfen und „kickt" ihn per Kopf, Brust, Knie oder Fuß zu Spieler B. Der fängt den Ball und wirft ihn erneut zu Spieler C.
Der „kickt" ihn nun zu Spieler A. Die Werfer werfen so, dass Spieler C eine gute Chance hat, den Ball auf eine der drei „Jongliermethoden" entgegenzunehmen und abgeben zu können.
Nach einer Weile wird gewechselt und Spieler A oder B nimmt die Position von C ein.

Variante für Fortgeschrittene:
Spieler C probiert jetzt eine Kombination aus. Er empfängt den Ball mit der Brust, lässt ihn zum rechten Fuß fallen und „kickt" dann zurück. Oder er empfängt ihn mit der Brust, lässt ihn zum Knie fallen, dann zum Fuß und gibt ihn von da aus zurück.

Köpfchen, Köpfchen!

Alter: ab 5 Jahren
Material: Luftballons, Softbälle, Fußbälle

In der ersten „Runde" erhält jedes Kind einen Luftballon und übt damit das Köpfen. Wie oft kann er mit dem Kopf immer wieder in die Luft „gekickt" werden, ohne dass er runterfällt?
Dann bilden die Kinder Paare. Jedes Paar hat einen Softball. Ein Kind ist Werfer, das andere Fänger. Der Werfer wirft dem Fänger den Ball zu, der Fänger köpft den Ball zurück. Der Werfer fängt den Ball und wirft erneut.

Fußballtor am Strand

Treffer!

Alter: ab 5 Jahren
Material: Fußball, Kegel oder Flasche, Stoppuhr

Alle Kinder stehen in einem Kreis. In der Mitte steht ein Kegel (oder eine Plastikflasche o. Ä.) Zwischen dem jeweiligen Spieler und dem Kegel in der Mitte ist ein ca. 5–7 m langer Abstand. Das erste Kind bekommt den Ball und versucht aus seiner Position so zu schießen, dass es den Kegel in der Mitte trifft. Der Spieler, in dessen nächster Nähe der Ball auf der anderen Seite angekommen ist, ist jetzt mit Schießen dran.

Variante

Spielen viele Kinder mit, können zwei Kreise gebildet werden. Jetzt wird das Spiel auf Zeit gespielt. Welche Mannschaft hat in 5 Minuten die meisten Treffer?

Goool! (Tooor!)

Das Fußballtor bei „echten" Fußballspielen ist 7,32 m breit und 2,44 m hoch. Auf diese Torgröße wird dann z. B. beim Elfmeterschießen gezielt.

Alter: ab 5 Jahren
Material: Maßband; Steine; Jacken; Schuhe zur Tormarkierung

Gemeinsam mit der Spielleitung messen die Kindern ein originalgroßes Tor aus, damit sie sehen, wie groß es ist.
Dann wird das Tor so verkleinert, dass die Kinder es gut treffen und der Torwart eine Chance hat, die Bälle zu halten. Je kleiner die Spieler, desto kleiner die Tore und desto kleiner der Abstand.
Und jetzt geht's los! Viel Spaß beim 11-, 9-, 7- oder 5 m -Schießen!

Futebol

In Brasilien wird überall Fußball gespielt. Auf der Straße, auf dem Rasen, am Strand. Als Ball dient da schon mal eine alte Dose, als Torwarthandschuhe werden die Flip-Flops genutzt und manch ein Fußballplatz kann nur bei Ebbe bespielt werden.

Sucht euch einen Ball oder etwas anderes zum Kicken, stellt irgendwas als Tore auf, Anpfiff, los!!! Und wenn ihr dann ordentlich trainiert habt, verschiedene Tricks am Ball gelernt habt, mit dem Ball tanzen könnt und vielleicht ein bisschen Ginga in euch entdeckt habt, könnt ihr das erste Turnier spielen. In verschiedenen Gruppen innerhalb eurer Kita oder Schule, gegen andere Einrichtungen in euerm Stadtteil …? Ein Fußball-Fun-Turnier z. B., bei dem Musik und Tanz im Spiel ist, bei dem eure eigene Samba-Band euch auf dem Platz anfeuert, mit euren Rhythmen, euerm Schlachtruf, eurer Hymne. Macht ein großes Fest daraus!

Und wusstet ihr, dass in Brasilien, tief im Regenwald des Amazonas, das größte Amateurfußballturnier der Welt stattfindet? Der Peladão – eine Fußballmeisterschaft der Straßenteams mitten im Dschungel. Mehr als 600 Mannschaften aus allen Schichten der Bevölkerung reisen an. Einige müssen dafür mehrere Tage Fahrtzeit auf dem Schiff einplanen. Dann kämpfen sie fünf Monate lang um den Titel. Und noch etwas ist besonders an diesem Turnier: Es geht nicht nur um Fußball, sondern auch um weibliche Schönheit. Jeder teilnehmende Club muss eine eigene Schönheitskönigin präsentieren, die auch für den Erfolg der Mannschaft entscheidend sein kann: Scheidet eine Mannschaft aus, kann sie durch den parallel laufenden Schönheitswettbewerb wieder zurück ins Turnier gebracht werden. Das glaubt ihr nicht? – Es ist aber so!

Ritmo do Futebol

Zum Anfeuern und für gute Stimmung auf dem Fußballplatz kann jeder notierte Rhythmus im Musikkapitel (→ S. 29–62) genutzt werden. Als Intro oder Break können die hier notierten „Fußballrhythmen" mit eingebaut werden. Laola-Wellen oder das rhythmische Rufen des Vereins- oder Mannschaftsnamen sorgen für „Stadionatmosphäre". Hier ein paar Beispiele für Hymnen, Rhythmen und Laola.

Alter: ab 5 Jahren
Material: Percussioninstrumente

Halbzeit

Apito – Pfeifkonzert

Im Fußball wird gepfiffen. Vom Schiedsrichter auf dem Feld, bei den Fans in den Rängen. Und auch in der Sambamusik wird gepfiffen. Mit der Apito, der Sambapfeife. Mit ihr können verschiedene Töne erzeugt werden. Mit Daumen und Zeigefinger wird die Pfeife so gehalten, dass die beiden Löcher rechts und links der Pfeife verschlossen sind. Durch Öffnen und Schließen der Löcher können unterschiedliche Töne erzeugt und somit kleine Melodien gespielt werden.

Alter: ab 6 Jahren
Material: Apitos

Mithilfe der Spielleitung probieren die Kinder die Handhabung der Pfeife aus.

Nach einer Weile üben sie gemeinsam das hier notierte „Pfeifkonzert", das als Schlachtruf, zum Anfeuern oder als Intro eines der Musikstücke eingesetzt werden kann.
Es ist im Frage-/Antwortspiel verfasst. Eine oder auch mehrere Apitos stellen die Frage. Alle anderen antworten. Können die Kinder die Fragen und Antworten spielen, können alle notierten Linien direkt hintereinander gespielt werden: Frage – Antwort 1, Frage – Antwort 2, Frage – Antwort 3 …

Hinweise

- Mithilfe der Spielleitung können neue Pfeifkonzerte erfunden werden.
- Auch die Breaks von S. 44/45 können mit den Pfeifen gespielt werden.
- Das Pfeifkonzert kann auch zum Samba-Rhythmus (➜ S. 41) gespielt werden.
- Sambapfeifen sind im Musikhandel erhältlich.

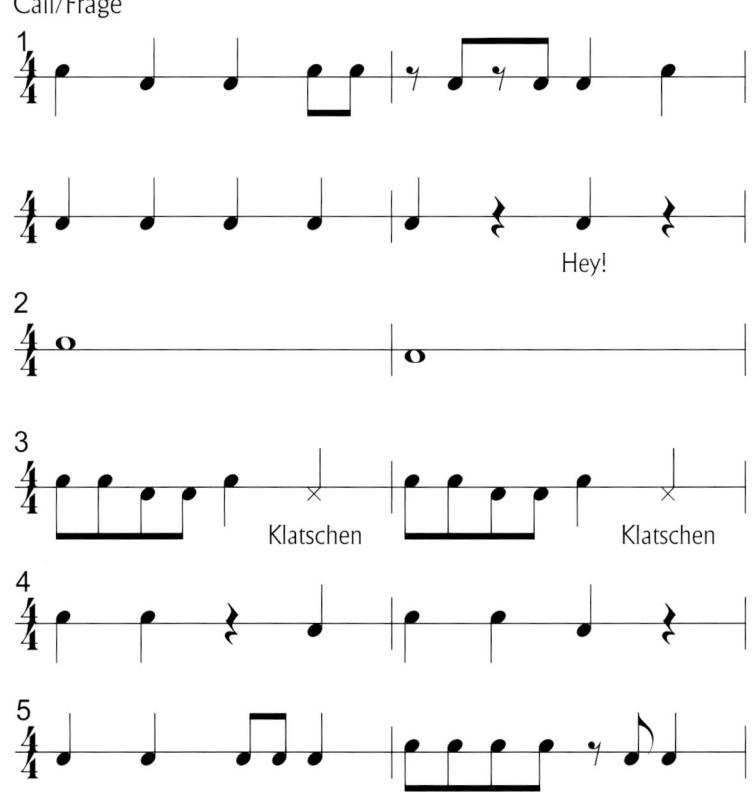

Fußball am Strand

Wenn ihr gerne mal als brasilianische Mannschaft spielen möchtet, dann könnt ihr unter diesem Link euern Namen eingeben und bekommt eine trikotkompatible Übersetzung eures Namens ins Brasilianische. www.minimalsworld. net/BrazilName/brazilian.shtml. Und wer noch mehr trainieren möchte, findet im Anhang weiterführende Websites. Jetzt drücke ich euch die Daumen und höre euch hoffentlich oft „GOOOOOL … ….!!!!!" brüllen.

Filmtipp

„**Ginga – Die Seele des brasilianischen Fußballs**" ist ein Film von Hank Levine, Marcelo Machada und Tocha Alves, in dem verschiedene junge Spieler von ihren Träumen und Hoffnungen erzählen. Eine außergewöhnliche Dokumentation über das Talent und die Liebe zum Fußball, ein Portrait Brasiliens als warmherzige und faszinierende Kultur. Darüber hinaus gibt er interessante und gefühlvolle Einblicke in brasilianische Lebensumstände, in Lebensgefühl, Glauben, Musik und Tanz. Erschienen ist der Film in der 11 Freunde-Edition und unbedingt empfehlenswert für Kinder ab dem Grundschulalter.

Festa brasileira – Brasilianisches Fest

Jetzt wird gefeiert! Alle Lieder, Tänze und Spiele dieses Buches laden zum Vorführen und Mitmachen ein. Mit exotischer Dekoration in leuchtenden Farben, einem tollen Buffet, einer Saftbar, mit brasilianischer Musik, mit Tanzvorführungen und Trommelgruppen, die z. B. die Sportturniere anfeuern – für Stimmung ist also gesorgt.

Auch Anlässe gibt es genug: vielleicht der nächste Karneval, das nächste Frühlings- oder Sommerfest oder vielleicht auch im Herbst zum Erntedank. Aber auch sportliche Events sind denkbar: ein FBF – ein Fußball-Fun-Turnier kann organisiert werden, zum Mitmachen für Kinder und Eltern mit viel Bewegung, Musik und Tanz oder, während der Fußball-WM, ein bewegtes Public viewing für die ganze Familie! Bevor das Spiel auf der Leinwand beginnt, haben sich alle Gäste schon mit Ballspielen, Musik und Tanz vergnügt und genießen leckere brasilianische Köstlichkeiten!

In Brasilien wird gerne und viel gefeiert. Es gibt viele große Feste im Jahr, und wenn es die gerade nicht gibt, gibt es eben kleinere, spontane Feiern. Man trifft sich am Abend vor der Haustür, in der Bar oder auf dem Dorfplatz, jemand hat eine Gitarre, ein Anderer eine Trommel dabei, alle klatschen und singen die zahlreichen Lieder und Rhythmen. Irgendeinen Anlass gibt es immer, sich mit anderen Menschen zu treffen, zur Musik zu tanzen und fröhlich zu sein. Der absolute festliche Höhepunkt ist natürlich die Karnevalszeit! Karneval wird in ganz Brasilien gefeiert. Eine Explosion von Rhythmen und Farben, tanzenden und feiernden Menschen, ein großes Spektakel in tropischer Hitze. Rio de Janeiro und Salvador sind bis heute die Hochburgen. Obwohl er offiziell nur knapp eine Woche dauert, beginnen die Menschen in Brasilien schon Monate vorher mit dem Feiern. Und egal wie – Hauptsache GINGA! ist im Spiel.

Alegria!

Schick gemacht fürs Fest ...

... und los!

Das Buffet

So, als Erstes müssen wir uns ums Essen kümmern. Essen ist in Brasilien eine gesellige Angelegenheit. Das Nationalgericht Brasiliens ist Feijoada, ein deftiger Bohneneintopf mit allem, was ein Schwein von Kopf bis Fuß so zu bieten hat. Es dauert einige Stunden, ihn zuzubereiten und ist vielleicht nicht so nach eurem Geschmack. Ein anderes typisches Gericht ist die Moqueca. Auch speziell! Das ist auch ein Eintopf, aber mit Fisch und Meeresfrüchten in Kokosmilch.

Ich werde euch jetzt meine Lieblingsgerichte verraten, die euch bestimmt schmecken! Es gibt auf jeden Fall jeden Tag Bohnen in irgendeiner Form. Nicht selten isst man einfach Bohnen mit Reis. Das ist lecker und so wird's gemacht:

Feijao (Bohnen)

Zutaten für 4 Personen: 500 g Bohnen (schwarze, hellbraune oder gefleckte); 2 EL Pflanzenöl; 2 Zwiebeln; 1–2 Knoblauchzehen; Salz; zusätzlich: großer Topf; Schöpfkelle; Gabel

Die Bohnen über Nacht in Wasser einweichen. Zwiebeln und Knoblauch fein hacken.
Das Öl in einem großen Topf erhitzen, Zwiebeln und Knoblauch darin anschwitzen. Die Bohnen mit dem Einweichwasser dazugeben.
Den Topfinhalt zum Kochen bringen und dann bei geringer Hitze und halb geöffnetem Deckel ca. 1½ Stunden köcheln. Zwischendurch den Schaum abschöpfen, dann salzen und probieren. Wenn nötig, noch Wasser nachgießen und solange kochen, bis die Bohnen weich sind.
Zum Binden eine Tasse gekochte Bohnen aus dem Topf nehmen, mit der Gabel zerdrücken und wieder zurück in den Topf geben.

Hinweis
Dieses Bohnengericht kann einfach mit Reis gegessen werden und ist auch eine beliebte Beilage zu Fleischgerichten aller Art.

Ein echter Hit aus Bohnen sind Acarajés: frittierte Bällchen aus Bohnenmasse. Hmmm ...lecker! Acarajé wird an Straßenständen zubereitet und als Snack zum Mitnehmen verkauft: Dazu werden die frittierten Kugeln aufgeschnitten, mit scharfer Pfeffersauce, getrockneten Krabben und einem Salat aus gewürfelten Zwiebeln und Tomaten gefüllt und in Packpapier verkauft. So gehts:

Acarajé

Zutaten für 4 Portionen: 500 g Schwarzaugenbohnen; 500 ml Palmöl; 250 g Zwiebeln; 1 EL Salz; ½ EL Pfeffer aus der Mühle; zusätzlich: hohe Pfanne; Küchenpapier; Pürierstab; Esslöffel

Die Bohnen über Nacht kalt einweichen. Bohnenhäute entfernen, abspülen und abtropfen lassen. Die Zwiebeln schälen, grob zerteilen und zusammen mit den Bohnen pürieren. Mit Salz und Pfeffer würzen.
Das Palmöl in einer großen, hohen Pfanne erhitzen und die Bohnenmasse esslöffelweise hineingeben (1 Esslöffel Bohnenmasse = 1 Bällchen). Ca. 6–8 Min. von beiden Seiten goldbraun ausbacken. Auf Küchenpapier abtropfen lassen. Zum Servieren die Bällchen aufschneiden und füllen. Die gefüllten Bällchen können warm oder kalt serviert werden.

Molho (Soße)

Diese Soße ist fast ein kleiner Salat. Die Kinderportion wird ohne Chilischote angerichtet.

Zutaten: 800 g Tomaten; 1 Zwiebel; 1 Chilischote; 1 Bund Petersilie; 1 Bund Koriander; 3 EL Essig oder Limettensaft; 3 EL Olivenöl; 1 EL Salz; 1 EL Zucker; zusätzlich: 1 Schüssel

Die Tomaten waschen und fein würfeln. Die Zwiebel schälen und fein hacken.
Die Chilischote putzen, entkernen, fein hacken. Koriander und Petersilie waschen und hacken. Alles in einer Schüssel mischen.
Essig und Öl unterrühren, mit Salz abschmecken. Im Kühlschrank durchziehen lassen.

Hinweis

Für Kinder anstelle der traditionell verwendeten scharfen Soße Ketchup oder andere Grillsoßen bereitstellen.

Farofa

Farofa ist geröstetes Maniokmehl. Es erinnert an geröstete Semmelbrösel und steht in Brasilien auf jedem Buffet oder auf dem Restauranttisch und wird über das Essen gestreut.

Zutaten: 100 g Maniokmehl; 1 EL Fett nach Wahl; 1 Prise Salz

Das Maniokmehl in einer erhitzten Pfanne unter ständigem Rühren ca. 10 Min. rösten, aber nicht bräunen.
Die Pfanne vom Herd nehmen, das Fett untermischen und salzen.

Churrasco ist Fleisch vom Grill und in Brasilien eine beliebte Art, in Gesellschaft gemeinsam riesige Fleischportionen zu verzehren. Privat bei Freunden und Festen oder in Churrascarias (Grillrestaurants), in denen die Ober mit großen Messern Teile von Hühnern, Rindern, Schweinen oder Lämmern schneiden und mit Salaten, Gemüsen und Saucen servieren.
Also, stellt bei euerm Fest den Grill an! Neben Fleisch lässt sich auch Gemüse, Obst und Käse lecker grillen.
Überall gibt es leckeren Kuchen, der auf brasilianisch „bolo" heißt. Schon auf dem Frühstücksbuffet stehen oft mehrere Sorten. Hier meine Lieblingskuchen:

Bananenkuchen mit Chashewkernen

Zutaten: 75 g Cashewkerne; 250 g Mehl; 200 g Zucker; 2 TL Vanillinzucker; 75 g Butter; 75 ml Milch oder Dickmilch; 2 große Bananen; 2 Eier; Vollmilchkuvertüre; zusätzlich: Hammer; Kastenform

Cashewkerne hacken. Dazu die Kerne in ein Handtuch legen und mit dem Hammer vorsichtig zerkleinern.
Mehl, Zucker, Vanillinzucker, Fett, Dickmilch, Bananen und Eier mit den Schneebesen des Handrührgerätes auf höchster Stufe verrühren.
Gehackte Cashewkerne unterrühren.
Den Teig in eine eingefettete und mit Mehl ausgestaubte Kastenform füllen.
Den Kuchen im vorgeheizten Backofen (E-Herd: 200 °C / Umluft: 175 °C / Gas: Stufe 3) 30–40 Min. backen.
Aus dem Ofen nehmen, auf ein Kuchengitter stürzen und auskühlen lassen.
Kuvertüre im Wasserbad schmelzen und auf dem Kuchen verteilen.
Mit Bananenscheiben und in der Pfanne ohne Öl angerösteten Chashewkernen verzieren.

Caju

So sieht übrigens die ganze Frucht aus. Sie heißt auf brasilianisch **Caju** (gespr.: Kaschu) und wird viel verwendet. Als Saft gepresst oder einfach so gegessen. In dem kleinen „Häkchen" unten dran befindet sich die Nuss, so wie es sie bei euch in Dosen zu kaufen gibt. Die Früchte selbst gibt es bei euch so gar nicht.

Kokoskuchen

Zutaten: Menge für eine Springform: 4 Eier; 200 g Zucker; 200 g Mehl; 200 ml frisch gepresster Orangensaft; 1 EL Backpulver; 1 Dose Dosenmilch; 1 Dose Kokosmilch; 100 ml Milch; Kokosraspeln; Butter und Mehl für die Form; etwas Salz; zusätzlich: Springform

Eier und Zucker schaumig rühren.
Mehl, Orangensaft, Backpulver und etwas Salz unterrühren.
Eine Springform mit Butter bestreichen und mit Mehl ausstreuen. Den Teig einfüllen.
Ca. 20–30 Min. im vorgeheizten Backofen bei 180 °C backen.
Den Kuchen danach sofort in heißem Zustand mit einer Dosenmilch, einer Dose Kokosmilch und ca. 100 ml Milch begießen.
Nach Belieben mit Kokosraspeln bestreuen.

Brigadeiros

Brigadeiros sind kleine Schokokugeln, ein brasilianisches Konfekt, das zu Kindergeburtstagen zubereitet wird und auch sonst bei jeder Feier gern gesehen ist.

Zutaten für ca. 25 Brigadeiros: 400 g gezuckerte Kondensmilch; 30 g Butter; 20 g Kakao, entölt; 100 g Schokostreusel; zusätzlich: kleiner Kochtopf; Rührlöffel

Kondensmilch, Butter und Kakao in den Topf geben und bei mittlerer Temperatur unter ständigem Rühren erwärmen, aber nicht kochen. Die Creme solange rühren, bis sie merklich dicker geworden ist. Wenn mit dem Rührlöffel eine „Straße" auf dem Topfboden entstehen kann, sodass der Topfboden einen Moment sichtbar bleibt, bevor die Masse sich wieder verschließt, hat sie die richtige Konsistenz.
Die Creme auf einen Teller geben, auskühlen und fest werden lassen.
Mit leicht eingefetteten Händen können die Kinder jetzt kleine Kugeln, kleine Brigadeiros formen. Die Kugeln noch in Schokostreuseln wälzen und bis zum Verzehr kaltstellen.

Bom apetite!

Saftbar

*Mit exotischen Früchten, die auch hier gut er-
hältlich sind wie z. B. Mangos, Ananas, Papayas
oder Melonen lassen sich leckere und kreative
kulinarische Variationen herstellen, die auch op-
tisch was hermachen.*
*Saftbars gibt es in Brasilien an jeder Ecke. Hier
ein Vorschlag für leckeren Saft aus frisch ge-
pressten Früchten:*

Zutaten: Früchte wie z. B. Orangen, Ananas,
Mango, Papaya; evtl. Zucker oder Agavensirup;
zum Anrichten: Orangen,- oder
Limettenscheiben; Physalis
zusätzlich: Fruchtpresse oder Pürierstab bzw.
Küchenmaschine; Eiswürfel; Gläser;
Strohhalme; Schüssel

Die Früchte entweder auspressen (Orangen) oder
die Früchte schälen, klein schneiden, in eine
Schüssel geben.
Das Fruchtfleisch fein pürieren (Mangos, Ana-
nas, Papaya etc.).
Mit etwas Wasser anreichern und ggf. mit Aga-
vensirup oder Zucker süßen.
Eiswürfel in die Gläser geben, Saft aufgießen.
Den Gläserrand mit Limetten- oder Orangen-
scheiben oder Physalisfrüchten schmücken.
Strohhalm nicht vergessen. Servieren!

Hinweis
Die frischen Säfte können beim Fest von musikalischen Obern serviert werden, die beim Servieren den „Ananas & Papaya-Kanon" von S. 25
singen.

Caipirinha für Kinder

Zutaten: Crushed Eis; Limetten; brauner
Zucker; Ginger Ale oder wahlweise auch Sprite
oder Bitter Lemon
zusätzlich: Glas; Stößel; Strohhalm

Pro Cocktail eine halbe Limette in Viertel schneiden und in das Glas geben.
3 TL braunen Zucker zugeben.
Zucker und Limette mit dem Stößel zerquetschen,
bis sich der Limettensaft und der Zucker ver-
mengt haben.
Das Glas mit Crushed Eis auffüllen.
Ginger Ale, Sprite oder Bitter Lemon zugeben.

Hinweis
Crushed Eis ist bereits zerstoßenes Eis, das fertig in größeren Supermärkten erhältlich ist und
sich für die Herstellung vieler Caipirinhas emp-
fiehlt. Alternativ eigene Eiswürfel herstellen und
entweder mit einer Maschine für „Crushed Eis"
zerkleinern oder die Eiswürfel in ein Handtuch
geben und mit dem Hammer zerstoßen.

*Saúde! (gespr.: Sa-udschi)
Prost!*
*Übrigens: Wenn ihr mit
eurem Buffet Geld ein-
nehmen möchtet, könnt
ihr es wie in den zahlreichen Kilorestau-
rants (Comida a kilo) in Brasilien machen.
Dort gibt es einen Festpreis pro Kilo. Man
nimmt sich einen Teller und bedient sich
an einem reichhaltigen Buffet. An der
Kasse wird der Teller dann gewogen und
man bezahlt nach Gewicht.*

Dekoration

Zum Dekorieren bietet dieses Kapitel einige besondere Ideen aus Recyclingmaterial. Unter dem Begriff „Flaschenkunst" werden verschiedene Dekoideen aus PET Flaschen vorgestellt. Für Feste und Rituale wird in Brasilien auch viel mit Girlanden geschmückt und mit vielen frischen Blumen können Räume, Bühnen und Tische auch wieder schön dekoriert werden (→ S. 71).

Flaschen sind in Brasilien 100% Müll. Es gibt dort keinen Pfand auf Plastikflaschen, sie werden einfach weggeworfen. Sehr viele Menschen in Brasilien sind sehr arm und aus ihrer Not heraus werden manche kreativ. Sie überlegen sich, was sie mit kostenlosem Material, also mit allem, was sie auf der Straße finden, herstellen können. Flaschen gehören da in Unmengen dazu! So steht z.B. am Strand nördlich von Brasilien innerhalb eines Schildkrötenreservoirs ein Labyrinth aus Plastikflaschen. Die Besucher suchen zwischen Wänden aus Flaschen ihren Weg. An einem anderen Ort ist eine Art Weihnachtsbaum gebaut worden. Mit Lichterketten geschmückt ergab er eine schöne weihnachtliche Deko. (In Brasilien wird Weihnachten übrigens bei ca. 30 Grad im Schatten gefeiert). Ins Haus von Olodum kommt man über einen schönen Fußabtreter aus Flaschenhälsen, woanders findest du Schmuck und Instrumente aus Flaschendeckeln.

Flaschenkunst

Flaschenlabyrinth

Blumen aus PET-Flaschen

Alter: ab 5 Jahren
Material: PET-Flaschen in unterschiedlichen Größen; Scheren; Sprühlack

Die Plastikflaschen gut auswaschen und die Etiketten lösen.
Je nachdem, wie groß die Blüten werden sollen, schneidet die Spielleitung Literflaschen etwa um ein Drittel, Halbliterflaschen etwa zur Hälfte ab. Bei kleinen Trinkjoghurt-Flaschen den Boden entfernen. Von der durchtrennten Flasche den Teil mit dem Deckel weiter zum Basteln der Blume verwenden, den unteren Teil der Flasche aufbewahren. Er wird für die Windlichter (s. li.) benötigt.
Mit der Schere die Blütenblätter vom offenen Ende der Flasche in Richtung Flaschenhals schneiden. Es können lange dünne oder spitze Blüten oder größere mit abgerundeten Blütenblättern entstehen.

Die geschnittenen Blütenblätter mit der Hand nach außen drücken, sodass eine schöne offene Blüte entsteht.
Die Blüten mit Sprühlack leicht „bestäuben".
Nach dem Trocknen können die Blüten überall aufgehängt werden. Dazu ein Band an den Flaschenhals knoten oder die Flaschendeckel mit Reißzwecken oder kleinen Nägeln auf Holz befestigen und die Blüten in die Deckel schrauben.

Blütenlichterkette

Alter: ab 6 Jahren (mit Hilfestellung)
Material: Lichterketten; Blüten aus PET-Flaschen (s. li.); Teppichmesser

Mithilfe der eben gebastelten Blüten können schöne Lichterketten entstehen.
Dafür mit dem Teppichmesser (dies sollte in jedem Fall ein Erwachsener übernehmen) ein Kreuz in den Flaschendeckel schneiden. Die Schlitze nach innen drücken und das Lämpchen durchstecken.

Windlichter

Alter: ab 3 Jahren (mit Hilfestellung)
Material: Plastikflaschen; Vogelsand; Teelichter; Glasmalfarbe; Transparentpapier; Perlen; Naturmaterialien u. a. zum Ausschmücken; Klebstoff; evtl. heiße Nadel; Draht

Die Spielleitung schneidet die Plastikflaschen ca. 7–10 cm oberhalb des Bodens auf und trennt sie in zwei Teile. Der obere Teil der Flasche kann zum Basteln der Blumen (s. li.) verwendet werden. Aus dem unteren Flaschenteil wird ein Windlicht. Den oberen Rand des Windlichtes in Wellen schneiden. Die Kinder schmücken ihre Windlichter ganz unterschiedlich. Mit Glitzerfarben, Naturmaterialien, Perlen etc. Alles von außen aufkleben.

Das Windlicht dann etwa 1 cm hoch mit Vogelsand ausfüllen, Teelicht rein – fertig!

Die Windlichter können auch aufgehängt werden. Dafür mit der heißen Nadel zwei Löcher gegenüberliegend in den oberen Rand bohren, ein Draht einfädeln- fertig!

Variante

Die Kinder malen die Flaggen aller beteiligten Länder der Fußball-WM 2014 mit transparenter Farbe auf die Flaschen-Windlichter. Für jedes Land leuchtet beim Fußballfest dann ein Windlicht.

Luftschlangenwand

Alter: ab 5 Jahren (mit Hilfestellung)
Material: große Plastikflaschen; Schere; lange Bambusstäbe oder Rundhölzer; evtl. Plastikblumen von S. 116 oder anderes Schmuckmaterial

Flaschen säubern und Etikett entfernen. Jedes Kind erhält eine große Plastikflasche und eine Schere.

Die Kinder schneiden mithilfe der Spielleitung unter dem Flaschenhals beginnend eine Spirale in die Flasche, so wie sie vielleicht auch schon Papierschlangen ausgeschnitten haben. Immer wieder rundherum bis zum Flaschenboden. Der Flaschenhals und der Flaschenboden bleiben an der Schlange dran.

Den Flaschenhals auf den Bambusstab oder das Rundholz fädeln. Alle anderen Schlangen kommen dazu. Dicht an dicht bilden sie jetzt eine Wand aus Plastikschlangen. In diese Wand kön-

nen noch andere Kunstwerke (z. B. die PET-Blumen von S. 116, Papierfaltarbeiten, kleine Basteleien) eingearbeitet werden.

Hinweis

So eine Plastikschlangenwand eignet sich perfekt als Raumteiler!

Flaschengirlanden

Alter: ab 3 Jahren (mit Hilfestellung)
Material: 0,5 l-Plastikflaschen; leichtes Material, das in der Flasche gut wirkt, z. B. getrocknete Blütenblätter, Stroh, bemaltes Papier, Watte, Seidenpapier etc.; Stricknadel; Gasflamme zum Erhitzen der Nadel; Draht

In jede Plastikflasche mit der heißen Nadel ein Loch in den Deckel und eines in den Boden bohren. Beides auf den langen Draht auffädeln. Beim Auffädeln der Flaschen berühren sich jeweils immer die Deckel und die Flaschenböden.

Die Flaschen vor dem Verschrauben mit verschiedenen leichten Materialien befüllen und von innen dekorieren.

Die Flaschen verschließen und die langen Flaschengirlanden aufhängen. Eine schöne Wirkung wird auch erzielt, wenn mehrere Flaschengirlanden ein Objekt bilden, wie z. B. der Flaschenbaum auf dem Foto oben.

Variante

Auch hier eignen sich, speziell für das Fußballthema, wieder Länderflaggen als Deko. Die Flaggen auf Papier aufmalen, zusammenrollen und in die Flasche stecken. Hier entfalten sie sich als Banderole.

Girlanden

In Brasilien wird gerne und viel mit Girlanden dekoriert. In den Straßen, in den Festsälen, bei den Candomblé-Zeremonien – überall werden Girlanden mit kleinen Wimpeln oder mit Stoff- oder Papierstreifen in den Farben des zu feiernden Festes gespannt.

Alter: ab 4 Jahren (mit Hilfestellung)
Material: Paketschnur oder Wäscheleine; Papier oder Stoffreste in verschiedenen Farben; Schere; Tacker

Die Schnur auf Augenhöhe der Kinder im Raum aufspannen. Die Kinder entscheiden sich für Farben und Material, die ihre Girlande haben soll. Sie schneiden die Papier- oder Stoffstreifen entsprechend zurecht und tackern sie mithilfe der Spielleitung an die Schnur.

Luftschlangenwand

Festprogramm

Egal, ob es ein brasilianisches Fest, ein Fußball-Event, ein Public viewing oder eine Karnevalsparty mit brasilianischem Schwerpunkt werden soll, so könnte das Programm aussehen:

Am Eingang wird jeder Festbesucher begrüßt und bekommt von den Kindern ein bahianisches Glücksbändchen mit drei Knoten an Arm oder Bein befestigt (➜ S. 62)

Eine weitere „rituelle" Begrüßung folgt: Die Göttin Oxum tritt auf. Die Inszenierung von Tanz, Gesang und Trommeln (➜ S. 71) wird nun präsentiert.

Das Fest ist eröffnet. Auf dem Festgelände oder in den Räumen gibt es für große und kleine Besucher unterschiedliche Erlebnis-Stationen:

- In einem Raum werden Körperbemalungen á la Timbalada (➜ S. 90) angeboten.
- In einem anderen Raum können sich die BesucherInnen kunstvoll die Haare flechten lassen (➜ S. 92).
- An der Saftbar gibt es frischen Ananassaft (➜ S. 114).

- Eine Sambagruppe trommelt alle Besucher zur Bühne (➜ S. 41).
- Auf der Bühne wird die erste Aufführung angesagt: „Maculelê" (➜ S. 73–74).
- Es folgen nach Wahl weitere Musik- und Tanzdarbietungen.
- Singende Kellner servieren Fruchtsäfte. Mit großen Tabletts laufen sie durch das Publikum und singen „Ananas & Papaya" (➜ S. 25). Das Publikum stimmt ein.
- Dann wird mit allen Gästen Samba de Roda getanzt: „Komm, tanz!" (➜ S. 83–84)
- Jetzt führt eine Trommelgruppe die Gäste raus auf die Rasenfläche.
- Die Kinder präsentieren den Gästen Ballzauberspiele (➜ S. 98–99).
- Das erste Fußballspiel wird angepfiffen: Trommelklänge und Gesänge feuern die Spieler an.
- Am Abend trifft man sich am Grill und singt bei alkoholfreiem Caipirinha und mit Gitarren- und Percussionbegleitung alle Lieder.

Tanz mit der Trommel

Obrigado, Obrigada

Text: M. F. Hohberger | **Musik:** M. F. Hohberger / R. Kiwit

O - bri - ga - do, Ob - ri - ga - da! Vie - len Dank, auf Wie - der - sehn! Das war

ei - ne schö - ne Rei - se und es gab so viel zu sehn! Ge -

tanzt, ge - lacht, Mu - sik ge - macht, im A - ma - zo - nas Boot ge - fah - ren, ge -

fei - ert bis um Mit - ter - nacht, bye, bye auf Wie - der - sehn!

Jetzt wird es leider Zeit, sich zu verabschieden. Boa noite! (Gute Nacht!) und Dankeschön! (Obrigada, obrigado!) Schön, dass ihr da ward! Ich hoffe, ihr habt euch wohlgefühlt, habt Einiges gelernt und viel probiert und entdeckt. Kommt bald mal wieder. Até logo! Tschau!

Anhang

Bagunçaço

„**Bagunçaço**" kommt von dem Wort "bagunça" (gesprochen: bah-guun-ca) und heißt übersetzt „Chaos" oder „Unordnung".

Bagunçaço heißt das von **Joselito Crispim** vor 20 Jahren gegründete soziale Projekt in Alagados, einem der ärmsten Viertel in Salvador da bahia. Ein Zentrum, das von Kindern und Jugendlichen außerhalb der Schule besucht wird und das ihnen die Möglichkeit bietet, in einem geschützten Raum leben, lernen, spielen und kreativ sein zu können. Hier gibt es Bildungsangebote, Hausaufgabenhilfe, Ansprechpartner für tägliche Sorgen und Nöte, Zuwendung, Ordnung. Ein Schwerpunkt liegt in den Kunst- und Musikangeboten. Über Kunst und Musik findet Persönlichkeitsentwicklung statt, wird die Identifikation mit der eigenen Herkunft gefestigt, Sozialverhalten und Verantwortungsbewusstsein gestärkt.

Die Jugendband „Bagunçaço" spielt mit selbstgebauten Percussioninstrumenten: Auf Fässern, Ölkanistern und Tonnen werden afrobrasilianische Rhythmen gespielt. Sie sind inzwischen über die Landesgrenzen hinaus bekannt.

TV lata (lata = Büchse / Dose) produziert mit einer selbstgebauten Kamera eigene Filme.

Joselito Crispim, selbst in Alagados aufgewachsen, setzt sich mit diesem Projekt aktiv und erfolgreich dafür ein, dass Kinder und Jugendliche ihr Recht auf Bildung erhalten, denn Bildung und Erziehung sind der einzige Weg zum selbstbestimmten verantwortungsbewussten Leben.

Bagunçaço ist ein engagiertes Projekt, das konsequent seine Ziele verfolgt und in Alagados eine feste Institution für viele Kinder und Jugendliche ist. Es ist politisch und religiös unabhängig und wird nicht staatlich gefördert.

www.tvlata.org
www.alagados.com

Wenn Sie Unterstützung anbieten möchten, nehmen Sie entweder mit der Autorin oder mit der Bagunçaço Stiftung Kontakt auf:
www.baguncaco.se,
Email: kontakt@baguncaco.se.

Vielen Dank!

Glossar

Açai − Frucht einer Palmenart

Acarajé − frittierter Bohnenbrei

Agogô − Percussioninstrument, das aus zwei miteinander verbundenen Metallglocken besteht

Água de coco − Kokoswasser

Alegria − Freude

Amaixa − Pflaume

Anaconda − Riesenschlange

Apito − Sambapfeife

Até logo! − Tschüss ! Auf Wiedersehen!

Aú − Figur im Capoeira

Axé − Ausdruck für „Gute Energie"

Bahiana − Frau aus Bahia

Batería − Trommelschule in Rio

Bem-te-vi − Bem-te-vi (häufig anzutreffender Vogel in Brasilien mit eindringlicher Gesangsmelodie)

Berimbau − einsaitiger Musikbogen, Capoeira-Begleitinstrument

Blocos Afros − Carnevalsvereine / Musikgruppen, die die afrikanische Kultur und die afrobrasilianische Geschichte thematisieren

Boa Viagem! − Gute Reise!

Bolo − Kuchen

Bom apetite! − Guten Appetit!

Bom Dia! − Guten Tag!

Bossa Nova − brasilianischer Musikstil

Brigadeiros − Schokokugeln

Caipirinha − Cocktail aus Zuckerrohrschnaps

Caju − Cashewfrucht / Nuss

Candomblé − afrobrasilianische Religion

Capoeira − afrobrasilianischer Kampftanz

Caixa − dt.: Kiste (brasilianische Variante der Snare- oder Marchingdrum)

Choro − brasilianischer Musikstil

Ciranda − Rundtanz

Churrasco − Grillfleisch

Cocorinha − Figur im Capoeira

Cuíca − Reibetrommel, bei der ein im Fell eingebettetes Bambusstäbchen mit einem feuchten Tuch gerieben wird, um Töne zu erzeugen.

Favela − Slum, Armenviertel

Farofa − Maismehl

Feijao − Bohnen

Fitinhas − Glücksbändchen in Salvador da bahia

Forró − brasilianischer Musikstil

Futebol − Fußball

Ganzá − Schüttelrohr, Shaker

Gecko − kleines Reptil

Ginga − Figur im Capoeira, Umschreibung einer gewissen Art sich zu bewegen

Gol! − Tor!

Graviola − grüne, stachelige Frucht mit weißem Fruchtfleisch

Iguaçu − großer Fluss mit riesigen Wasserfällen

Ijexá − Rhythmus im Candomblé

Ilê Ayé − bekannter Bloco Afro aus Salvador da bahia

Jacare − Krokodil

Maculelê − folkloristischer Tanz mit Stöcken

Meia Lua − Figur im Capoeira

Molho − Soße

Nandu − flugunfähiger großer Vogel (straußenähnlich)

Oi, tudo bem? − Hi, alles klar?

Olodum − bekannter Bloco Afro aus Salvador da Bahia

Orixás − Oberbegriff für alle Götter im Candomblé

Oxóssi − Gott der Jagd

Oxum − Göttin der Liebe und des Süßwassers

Pandeiro − Rahmentrommel mit Schellen

Repinique − kleine Trommel der brasilianischen Percussion

Ritmo − Rhythmus

Rocar − Schüttelinstrument, bei dem Metallplättchen in einem Metallrahmen befestigt sind

Roda − Kreis

Salvador da Bahia − Hauptstadt Bahias

Samba Batucada − Die Art des Sambas, wie er beim Karneval in Rio gespielt wird.

Samba de Roda − spezielle Art des Sambas, bei dem die Anwesenden einen Kreis bilden und tanzen

Samba Duro − bestimmter Rhythmus beim Samba de Roda

Samba Enredo − Karnevals-Samba mit Gesang

Samba-Reggae − brasilianischer Musikstil

Sucuri − Riesenschlange

Surdo – Basstrommel
Tapir – schweineähnliches Säugetier mit kleinem Rüssel
Timba – Handtrommel mit Plastikfell
Umbu – grün-gelbe Frucht aus der Gattung der

Pflaumen
Xangô – Gott des Feuers, des Blitzes und des Donners
Yansa – Göttin der Winde
Yemanjá – Göttin der Meere

Register

Bewegungsspiele

Warm up's für Capoeira 77

Geschichten und Infos

Flug über Brasilien 11

Kreativaktionen

Bloco „Sonnenblume" 89
Instrumente kreativ 30

Literatur & Musik

Amado, Jorge: Herren des Strandes. Reinbek (Rowohlt Taschenbuch Verlag) 2009.

Büttner, Nina / Mangel, Emel / Moll, Henrieke: Fettnäpfchenführer Brasilien. Lebenskunst zwischen Karneval und Copacabana. Meerbusch (Conbook Verlag) 2011.

Chandler, Gary u. a.: Brasilien. Lonely Planet Reiseführer. Ostfildern (Mairdumont) 2011.

Fischer, Gerd / Roth Jürgen: Ballhunger. Vom Mythos des brasilianischen Fußballs. Göttingen (Verlag Die Werkstatt) 2005.

Freland, Francois-Xavier: Wir leben in Brasilien. München (Knesebeck Verlag) 2007.

Geo Special Brasilien, Ostfildern (Mairdumont). 2011.

Goerdeler, Carl D.: Die Luftschlösser von Rio. Remscheid (Gardez! Verlag) 2000.

Graff, Monika: Brasilianisch feiern. Buch mit Audio CD. Weil der Stadt (Hädecke) 2007.

Niemeyer, Frauke: Ein Jahr in Rio de Janeiro. Freiburg (Herder Verlag) 2011.

Overbeck, Peter: Gott ist Brasilianer. Hamburg (Edition Nautilus) 2004.

Ratsch, Christiane: Samba batucada. Musikpraxis in der Schule. Kassel (Gustav Bosse Verlag) 2003.

Rodrigues, Nelson: Goooooool! Brasilianer zu sein ist das Größte. Berlin (Suhrkamp) 2006.

Schaeber, Petra: Die Macht der Trommeln. Berlin (Archiv der Jugendkulturen e. V.) 2006.

Audio

Die Liste beschränkt sich auf eine Auswahl bekannter brasilianischer Interpreten, die auch in Deutschland gut erhältlich sind. Weiterhin können alle im Buch angegebenen YouTube-Stichworte auch in den Audio / MP3 Online-Portalen recherchiert werden.

Gil, Gilberto: Soul of Brazil
Menezes, Margareth: Naturalmente Acústica
Mendes, Sergio: Amazon MP3 Download Bestseller
Mercury, Daniela: Elétrica
Olodum: 25 Anus de Samba Reggae
Sangalo, Ivete: MTV Ao Vivo

Timbalada: Novo Millennium
Tucci, Dudu: Orishás
Veloso, Caetano: The Definite Collection

Videos / DVDs

Goulart, Luiz Fernando: Mestre Bimba – A Capoeira Iluminada.

Kaurismäki, Mika: Moro no Brasil.

Kaurismäki, Mika: Brasileirinho.

Alves, Tocha; Levine, Hank; Machado, Marcelo: Ginga –Die Seele des brasilianischen Fußballs.

Mercury, Daniela Baile: Barroco-No Carnaval Da Bahia.

Meirelles, Fernando u. a.: City of God.

Deutschmann, Stefan u. a.: Peladao – 11 Freunde und eine Königin.

Websites

Allgemeine Infos über Brasilien:
www.sambafoot.com
www.brasilienportal.ch
www.amazonasportal.de

Unterricht:
www.dudu-tucci.de

Instrumente:
www.kalango.de

Festivals:
www.sambasyndrom.de
www.bremer-karneval.de
www.karneval-berlin.de
http://www.samba-festival.de
http://www.sambadwildungen.de

Fußball:
www.soccerdrills.de
www.dvdFussballtrainer.de
www.dfb.de

Die Autorin

Mathilda F. Hohberger arbeitet als freie Musikpädagogin. Ihre Leidenschaft gilt den Klängen, Rhythmen und Liedern der Welt. Egal ob Vögel sie von den Dächern pfeifen, sie aus den Sambaschulen Brasiliens dröhnen oder der Wind sie leise in die Wolken malt. Ihre Fortbildungen sind lebendige Klangwerkstätten mit viel Raum zum Improvisieren und Gestalten. Seit 15 Jahren unterrichtet sie Kinder, Jugendliche und Erwachsene in afrobrasilianischer Percussion.

Bisher bei Ökotopia erschienen: *Klangfarben & Farbtöne, Luftmusik & Feuerfarbe* (ausgezeichnet mit dem Gütesiegel „Gute Musik für Kinder", Poldi 2009), *Weltrhythmus & Klangzauber* (ausgezeichnet von der Jury der deutschen Rock & Popstiftung mit dem 3. Platz in der Kategorie „Bestes Kinderliederalbum 2012).

Aktuelle Infos:

www.musik-zieht-immer.de

http://www.facebook.com/M.F.Hohberger

Die Illustratorin

Jule Ehlers-Juhle ist bildende Künstlerin und illustriert vor allem Kinderbücher. Sie arbeitet mit Kindern und Erwachsenen in Kreativ-Projekten und Fortbildungen hauptsächlich für kommunale Träger. Vor einigen Jahren hat sie die Kinderwerkstatt „Kreofant" in Hannover und Salzhemmendorf ins Leben gerufen.

Der Fotograf

Michael Flascha lebt als freier Künstler in Berlin und Düsseldorf. Er beschäftigt sich mit dem persönlichen Auftritt in städtischen Räumen, mit den Verschiebungen der Wahrnehmung des Grenzbereichs zwischen Öffentlichem und Privatem, mit Formen der Erinnerung, des Gedächtnisses und des Gedenkens, des Vergessens und den alltäglichen und rituellen Praktiken der Wiederholung. Dazu setzt er auf die Mittel der Fotografie, der Percussion, der Narration und des Livereviews.

CD ... und dazu der Tonträger von Mathilda F. Hohberger und Ralf Kiwit

Brasilien bewegt uns

Mit feurigen Rhythmen, Liedern, Tänzen, Originalklängen und Hörspiel-Clips

15 traditionelle und moderne Lieder und Rhythmen laden zum Mitsingen, Tanzen und Musik machen ein. Der kleine Bem-te-vi, ein lustiger brasilianischer Vogel, führt seine beiden jungen Gäste Johanna und Florian als Reiseleiter durch seine Heimat. Sie besuchen den Amazonas, Rio de Janeiro, Salvador da Bahia und andere seiner Lieblingsplätze. Es gibt viel zu ent-decken und überall wird gesungen, getanzt und Musik gemacht. Sie begegnen der Meeresgöttin Yemanja, tanzen Samba in Rio und geraten in der berühmten Maracana Arena ins Ballfieber. Es gibt Capoeira, Maculele und Samba de Roda, ein Fest in der Lagune, einen schwungvollen Früchte-Reggae-Kanon und auch in Brasilien klauen Affen Kokosnüsse!

Neben den aufwändig eingespielten Rhythmen und lebendig arrangierten Liedern enthält die CD zahlreiche direkt aus Brasilien importierte Originalklänge.

ISBN 978-3-86702-227-9

Kinder begeistern ...
mit Liedern, Tänzen und Geschichten aus dem Ökotopia Verlag

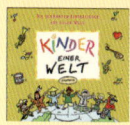 **Kinder einer Welt**
Die schönsten Kinderlieder aus aller Welt
Eine musikalische Weltreise für Groß und Klein! Landestypische Instrumente, vielfältige Rhythmen und ungewohnte Melodien führen akustisch auf die Spuren anderer Kulturen und wecken auf spielerische Weise kindlichen Entdeckergeist.
ISBN (CD) 978-3-936286-91-5

 **Kinder kommen zur Ruhe**
Die schönsten Melodien zum Entspannen, Einschlafen und Träumen
Entspannungsmusiken für Kinder stimmig zusam-mengestellt. Sie sind fast alle instrumental pro-duziert, können also einfach zur Ruhe gehört wer-den. Eine Anleitung im Booklet gibt zusätzliche Anregungen.
ISBN (CD) 978-3-936286-92-2

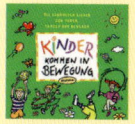 **Kinder kommen in Bewegung**
Die schönsten Lieder zum Toben, Tanzen und Bewegen
Eine bunte Zusammenstellung der schönsten Bewegungslieder. Nicht nur in Kita und Grundschule, sondern auch im Kinderzimmer darf laut gesungen, wild getanzt, gehüpft und gesprungen werden!
ISBN (CD) 978-3-86702-009-1

 **Kinder kommen in Stimmung**
Die schönsten Lieder zum Feiern, Bewegen und Ausgelassensein
Eine beschwingte Sammlung von Partyknüllern: Lieder, die schnell mitgesungen werden, Lieder zu bestimmten Anlässen, Spiellieder oder Lieder zum Tanzen, sich Bewegen und Rappen und viele mehr.
ISBN (CD) 978-3-86702-024-4

 **Lieder für kleine Kinder**
Die schönsten Lieder für die Kleinsten
Eine wunderschöne Zusammenstellung für jeden Anlass. Einfache Texte und kindgerechte Arrangements motivieren die Kleinsten zum Mitmachen und Bewegen.
ISBN (CD) 978-3-86702-091-6

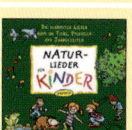 **NATUR-Lieder für Kinder**
Die schönsten Lieder rund um Tiere, Pflanzen und Jahreszeiten
Kunterbunte Songs von Frosch und Schwalbe, dem Sonnenwendfeuer, Bauernhof, Wald-Entdeckertour und Winterfest begleiten Kinder ab 3 Jahren quer durch den Jahreskreis.
ISBN (CD) 978-3-86702-218-7

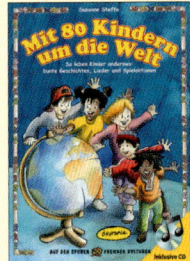

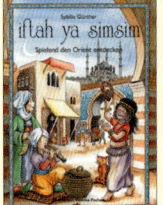

 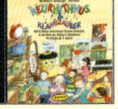
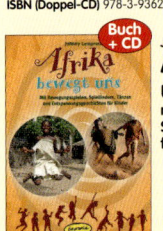
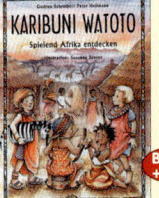